Steuerrecht-Kompakt für Heilberufe

Harald Scheerer

Steuerrecht-Kompakt für Heilberufe

Harald Scheerer
Lemgo
Deutschland

ISBN 978-3-658-00381-4   ISBN 978-3-658-00382-1 (eBook)
DOI 10.1007/978-3-658-00382-1

Die Deutsche Nationalbibliothek verzeichnet diese Publikation in der Deutschen Nationalbibliografie; detaillierte bibliografische Daten sind im Internet über http://dnb.d-nb.de abrufbar.

Springer Gabler
© Springer Fachmedien Wiesbaden 2012
Dieses Werk einschließlich aller seiner Teile ist urheberrechtlich geschützt. Jede Verwertung, die nicht ausdrücklich vom Urheberrechtsgesetz zugelassen ist, bedarf der vorherigen Zustimmung des Verlags. Das gilt insbesondere für Vervielfältigungen, Bearbeitungen, Übersetzungen, Mikroverfilmungen und die Einspeicherung und Verarbeitung in elektronischen Systemen.

Die Wiedergabe von Gebrauchsnamen, Handelsnamen, Warenbezeichnungen usw. in diesem Werk berechtigt auch ohne besondere Kennzeichnung nicht zu der Annahme, dass solche Namen im Sinne der Warenzeichen- und Markenschutz-Gesetzgebung als frei zu betrachten wären und daher von jedermann benutzt werden dürften.

Gedruckt auf säurefreiem und chlorfrei gebleichtem Papier.

Springer Gabler ist eine Marke von Springer DE. Springer DE ist Teil der Fachverlagsgruppe Springer Science+Business Media
www.springer-gabler.de

Vorwort

Das deutsche Steuerrecht ist komplex und für den Laien nur mühevoll nachvollziehbar. Zudem zeigt die langjährige Tätigkeit als selbständiger Steuerberater mit Fokus auf die Wirtschafts- und Steuerberatung von Ärzten und anderen Heilberufen, wie dringend eine praktische Anleitung in diesem Bereich vonnöten ist, um steuerliche und rechtliche Fallstricke zu umgehen. Die Intention dieses kompakten Fachbuches ist es daher, den Praktiker durch das Steuerdickicht zu führen. Neben einem steuerlichen Abriss der Gesundheitsberufe sollen die praxisrelevanten Aspekte konzentriert vermittelt werden. Elementare Urteile und Gesetzestexte sorgen für ein ganzheitliches Bild und klassische Praxisfälle tragen zum besseren Verständnis bei, um eine wirtschaftlichere Arbeitsweise zu ermöglichen.

Mein Dank gilt Ralf Hof aus Oberhausen, der mir im Rahmen der Manuskripterstellung eine unverzichtbare und verlässliche Hilfe war. Für seine wertvollen fachlichen Hinweise danke ich zudem Thies Heinemann aus Düsseldorf.

Für Hinweise und Anregungen bin ich dankbar: h.scheerer@h-d-s.eu

Mein Honorar als Autor spende ich der Deutschen Krebshilfe (www.krebshilfe.de). Meine Leser bitte ich um eine Spende zu Gunsten:

Deutsche Krebshilfe
Konto: 828282
BLZ: 37050299
Kreissparkasse Köln

Lemgo, den 8.07.2012   Dipl.-Kfm. Harald Scheerer, Steuerberater

Inhaltsverzeichnis

1	**Ärzte, sonstige Heil- und Hilfsberufe, ähnliche Berufe**	1
1.1	Grundsätzliches	1
1.2	Abgrenzung selbständige Einkünfte – gewerbliche Einkünfte	2
1.3	Sonstige Heil- und Hilfeberufe	4
1.4	Ähnliche Berufe	4
1.5	Abgrenzungsprobleme	6
1.5.1	Infektionstheorie – Abfärbung	6
1.5.2	Mithilfe anderer Personen	7
1.6	Umsatzsteuergesetz	8
1.6.1	Grundsätzliches	8
1.6.2	Steuerbefreiungsvorschriften § 4 Nr. 14 a oder 14 b UStG	9
1.6.3	Steuerbefreiung gem. § 4 Nr. 14 a UStG	10
1.6.4	Beispiele	11
1.6.5	Umsatzsteuer sonstiger Heil- und Hilfsberufe	12
2	**Gemeinschaftliche Berufsausübung**	27
2.1	Grundsätzliches	27
2.2	Praxisgemeinschaft/Organisationsgemeinschaft	28
2.3	Gemeinschaftspraxis, Berufsausübungsgemeinschaft	29
2.4	Die Ärzte-Kapitalgesellschaft (GmbH)	29
3	**Medizinisches Versorgungszentrum (MVZ)**	31
3.1	Grundsätzliches	31
3.2	Medizinisches Versorgungszentrum (MVZ) im (gemeinnützigen) Krankenhaus	32
3.3	Gründung eines gemeinnützigen medizinischen Versorgungszentrums (MVZ) in der Rechtsform einer eigenständigen GmbH	32

3.4 Gründung einer nicht gemeinnützigen GmbH zum Betrieb eines medizinischen Versorgungszentrums (MVZ) 33
    3.4.1 Gemeinnützige und zeitnahe Mittelbindung (§ 55 (1) Nr. 1, 5 AO) 34
    3.4.2 Steuerpflicht 34
    3.4.3 Betriebsaufspaltung – wirtschaftlicher Geschäftsbetrieb 35
3.5 Medizinisches Versorgungszentrum (MVZ) in der Rechtsform einer Personengesellschaft 35
    3.5.1 Angestelltenvariante 36
    3.5.2 Vertragsarztvariante 37
    3.5.3 Gewerbliche Infektion 38
    3.5.4 Umsatzsteuerproblematik im medizinischen Versorgungszentrum (MVZ) 39
3.6 Gründung einer privat-rechtlichen GmbH zum Zweck des Betriebes eines medizinischen Versorgungszentrums (MVZ) 39
    3.6.1 Einleitung 40
    3.6.2 Angestellten-Alternative 40
    3.6.3 Vertragsarztvariante 40

4 Der Krankenhausbetrieb 43
4.1 Abgrenzung Zweckbetrieb und wirtschaftlicher Geschäftsbetrieb ... 43
4.2 Körperschaftsteuer 44
    4.2.1 Steuerpflicht privater gemeinnütziger Träger 44
    4.2.2 Betrieb gewerblicher Art 45
4.3 Gewinnermittlung bei Krankenhäusern 46
4.4 Gewerbesteuerpflicht 46
    4.4.1 Gemeinnützige Krankenhäuser in privater Trägerschaft 46
    4.4.2 Nicht-gemeinnützige Krankenhäuser in privater Trägerschaft 47
    4.4.3 Krankenhäuser in öffentlich-rechtlicher Trägerschaft 48
4.5 Gewerbesteuerbefreiung 48
    4.5.1 Gemeinnützige Körperschaften 48
    4.5.2 Betriebe der öffentlichen Hand 49
    4.5.3 Krankenhäuser privater nicht-gemeinnütziger Träger 49
4.6 Umsatzsteuer (UStG) 49
    4.6.1 Umsatzsteuer gemeinnütziger Träger 50
    4.6.2 Umsatzsteuer bei nicht-gemeinnützigen privaten Trägern 51
    4.6.3 Umsatzsteuer öffentlich-rechtlichen Trägern 51
    4.6.4 Steuerbefreiung Umsatzsteuerrecht (§ 4 Nr. 14 b UStG) 51

	4.6.5 Mit dem Krankenhaus eng verbundene Umsätze	52
	4.6.6 Steuerbefreiungen gem. § 4 Nr. 14, 17 a, 18 UStG	52
	4.6.7 Steuersatzermäßigung gemäß § 12 (2) Nr. 8 a UStG	53
	4.6.8 Vorsteuerabzug (§ 15 UStG)	53
4.7	Grunderwerbsteuer – Besteuerung der Krankenhäuser	54
	4.7.1 § 3 Nr. 2 GrEStG	54
	4.7.2 § 4 Nr.1 GrEStG	54
4.8	Grundsteuer	55

5 Integrierte Versorgung — 57
5.1 Der Begriff der integrierten Versorgung — 57
    5.1.1 Managementgesellschaften — 58
    5.1.2 Vergütung — 59
5.2 Integrierte Versorgung – verdeckte Mitunternehmerschaft — 59
5.3 Integrierte Versorgung – Abfärbung — 60
    5.3.1 Problematik — 60
    5.3.2 Pauschale Vergütung — 61
5.4 Integrierte Versorgung – Umsatzsteuerrecht — 62
    5.4.1 Managementgesellschaften als Versorger — 62
    5.4.2 Managementgesellschaft als Koordinator — 63

6 Rettungsdienste und Krankentransporte — 65
6.1 Gesetzliche Grundlage — 65
6.2 Krankentransporte – Ertragsteuerrecht — 66
    6.2.1 Rettungsdienste öffentlich-rechtlicher Träger — 66
    6.2.2 Rettungsdienst durch private gemeinnützige Träger — 66
    6.2.3 Rettungsdienst: Ertragssteuern bei nicht-gemeinnützigen privaten Trägern — 67
6.3 Rettungsdienst und Krankentransport – Umsatzsteuer — 68
6.4 Rettungsdienst – Kraftfahrzeugsteuer — 69

Literaturverzeichnis — 71

Urteile und Schreiben — 73

Abkürzungen — 75

Ärzte, sonstige Heil- und Hilfsberufe, ähnliche Berufe

1.1 Grundsätzliches

Einkünfte selbstständiger Ärzte und Zahnärzte unterliegen gem. § 1 EStG der Einkommensteuer soweit sie sich nicht einer anderen Rechtsform wie z. b. einer Kapitalgesellschaft bedienen. Zunächst beschränkt sich die Darstellung auf die Betätigung im Rahmen eines Einzelunternehmens. Auf die Frage einer gemeinschaftlichen Tätigkeit mehrerer Ärzte (z. B. im Rahmen einer Praxisgemeinschaft) wird später eingegangen.[1]

Ärzte erzielen im Regelfall Einkünfte aus selbstständiger Tätigkeit (§§ 2 (1) Nr. 3, 18 (1) Nr. 1 EStG) und unterliegen damit mit ihren Einkünften nicht der Gewerbesteuer (§ 2 (1) S, 2 GewStG). Voraussetzung hierfür sind die persönlichen Voraussetzungen. Wie bei einem Gewerbebetrieb müssen bei einem selbstständigen Arzt zunächst die Kriterien der Selbstständigkeit vorliegen: Nachhaltigkeit, Teilnahme am allgemeinen wirtschaftlichen Verkehr und die Gewinnerzielungsabsicht.[2]

Die steuerliche Besserstellung resultiert aus der Vorstellung, dass ein Freiberufler eine hohe persönliche Qualifikation hat, leitend und eigenverantwortlich im Mittelpunkt seiner unternehmerischen Tätigkeit steht. Es wird davon ausgegangen, dass der Freiberufler den in seinem Unternehmen erbrachten Leistungen seinen persönlichen Stempel aufdrückt (Stempeltheorie). Die gewerbliche Tätigkeit ist geprägt durch Kapitaleinsatz und eine Vervielfältigung der eigenen Arbeitskraft ohne ein entsprechendes persönliches Engagement bzw. ohne eine entsprechende Qualifikation (Vervielfältigungstheorie).

---

[1] Vgl. S. 28
[2] Hinsichtlich dieser Merkmale wird auf die Rechtsprechung des BFH verwiesen, die in den Richtlinien zu § 15 EStG der Finanzverwaltung wiedergegeben ist. Vgl. R 15.1, R 15.2, R 15.3 u. R 15.4 EStR.

Die Gewinnermittlung erfolgt im Rahmen einer Einnahmenüberschussrechnung (§ 4 (3) EStG) oder einer freiwilligen Bilanzierung (§ 4 (1) EStG).

Der Vollständigkeit halber ist an dieser Stelle zu ergänzen, dass Ärzte die keiner selbständigen Tätigkeit nachgehen, sondern in einem Abhängigkeitsverhältnis stehen, Einkünfte aus nichtselbstständiger Arbeit erzielen (§ 19 EStG). Diesbezüglich gibt es keine Besonderheiten zu anderen Berufsgruppen. Es gelten die gleichen Abgrenzungskriterien, zentrales Merkmal ist insbesondere die Weisungsbefugnis.[3]

Nicht weisungsgebunden arbeiten z. B. die Praxisvertreter eines selbständigen Arztes. Ärzte, die im Rahmen des Privatliquidationsrechts im Krankenhaus tätig werden, sind auch bei Nutzung der Infrastruktur des Krankenhauses selbständig tätig. Gleiches gilt für die sog. „Zweigstelle" im Krankenhaus („Praxisfiliale").

1.2 Abgrenzung selbständige Einkünfte – gewerbliche Einkünfte

Die hohe Qualifikation und die leitende Eigenverantwortlichkeit im Mittelpunkt seines Unternehmens rechtfertigt die steuerrechtliche Privilegierung des Arztes aus Sicht des Gesetzgebers.

Der Gesetzgeber definiert den Beruf des Arztes nicht. Die Finanzverwaltung hat aufbauend auf dem Urteil des BFH aus dem Jahre 2003 ihre Rechtsauffassung im Rahmen eines Schreibens hierzu verfasst. Hiernach ist Arzt derjenige, dessen Tätigkeit der Feststellung, Heilung und Linderung von Krankheiten, Leiden oder Körperschäden bei Menschen dient. Dazu gehören auch Leistungen der vorbeugenden Gesundheitspflege. Praktisch ist auf die Approbation abzustellen.[4]

Dem Leitbild der Eigenverantwortlichkeit folgend sind Einkünfte aus Tätigkeiten wie die Behandlungen in den Räumen der eigenen Praxis, Hausbesuche, Vorträge, patientenbezogene Gutachten, wie aber auch die Tätigkeit eines Praxisvertreters im Rahmen seiner ärztlichen Tätigkeit in den Räumen eines anderen Berufskollegen selbstständige Einkünfte (§ 18 EStG). Zu der selbständigen Tätigkeit gehört auch die Koordination der ambulanten Versorgung gem. § 73 b SGB V.

Die Eigenverantwortlichkeit ist das zentrale Kriterium, um die ärztliche Tätigkeit im Rahmen des Krankenhausbetriebes steuerrechtlich würdigen zu können.

---

[3] Vgl. Frotscher, Kommentierung zu § 19.
[4] Vgl. BMF vom 22.10.2004, BStBl. 2004 I, S. 1030.

1.2 Abgrenzung selbständige Einkünfte – gewerbliche Einkünfte

Ärzte, die im eigenen Namen und für eigene Rechnung handeln, sind in der Regel als freiberuflich (selbständig) tätig einzustufen (§ 18 EStG). Die eigenverantwortliche Tätigkeit und die damit verbundene Möglichkeit über Behandlungsmethoden zu entscheiden und diese im Rahmen des Privatliquidationsrechts selbst abrechnen zu können, rechtfertigt die steuerrechtliche Einordnung als freiberufliche Tätigkeit.[5]

Ärzten, die im Namen des Krankenhauses und für Rechnung des Krankenhauses tätig werden, erzielen Einkünfte aus nichtselbständiger Arbeit (§ 19 EStG). Selbstverständlich können Ärzte, wie auch alle andere Berufsgruppen, parallel Einkünfte aus nichtselbständiger und auch aus selbstständiger Arbeit beziehen.

Darüber hinaus können durch einen Arzt auch selbstständige (§ 18 EStG) und gewerbliche Einkünfte (§ 15 EStG) parallel erzielt werden. Soweit neben der eigentlichen ärztlichen Tätigkeit weitere Tätigkeiten ausgeübt werden, ist zu prüfen, inwieweit es sich um eine selbstständige oder eine zusätzliche gewerbliche Tätigkeit handelt.

Die Abgabe von Impfstoff ist z. B. als ergänzende Tätigkeit zu würdigen. Die ärztliche Diagnose und Therapie gibt der Tätigkeit das Gepräge; die Verordnung des Impfstoffes rundet die ärztliche Tätigkeit ab.

Ärzte erzielen i. R. d. Privatliquidationsrechts Einkünfte aufgrund stationärer Heilbehandlungen in Krankenhäusern. Im Rahmen dieser Tätigkeit erzielen die Ärzte auch Einnahmen aufgrund der Verpflegung und Unterbringung der Patienten.

Wenn diese Einnahmen für die Übernachtung und Verpflegung lediglich die Kosten decken bzw. sogar Verluste verursachen, kann man von einer Nebentätigkeit ohne ein eigenständiges Gewicht ausgehen. Kommt man allerdings zu dem Ergebnis, dass die Einnahmen aufgrund der Verpflegung und Unterbringung zu Gewinnen führen, beziehungsweise, dass diese angestrebt werden, wird man auch konsequenterweise davon ausgehen, dass es sich hierbei um eigenständige gewerbliche Einkünfte handelt.

Inwieweit es dann zu einer gewerblichen Infektion aller Einkünfte kommt, soll hier dahinstehen.[6] Gestalterisch ist darauf hinzuweisen, dass ein solches steuerrechtliches Risiko vermieden werden kann, indem die Einnahmen auf beide Bereiche bereits bei der Vertragsgestaltung aufgeteilt werden. Dieses wird man nur annehmen können, wenn auch getrennte Abrechnungen erfolgen und diese in getrennten Buchhaltungskreisen verarbeitet werden. Im Rahmen einer praktischen Beweisvorsorge ist eine Trennung der Einnahmen nicht zu vermeiden.

---

[5] Zu den Kriterien der selbständigen Arbeit: vgl. Frotscher, Kommentierung zu § 19.
[6] Vgl. zu dieser Problematik 1.5.1.

1.3 Sonstige Heil- und Hilfeberufe

Bei den sonstigen Heil- und Hilfsberufen handelt es sich um Tätigkeiten, die in den Anwendungsbereich der Vorschrift fallen, ohne dass sie ärztliche Tätigkeiten (Ärzte, Tierärzte, Zahnärzte) sind. Die Definition dieser Heil- und Hilfsberufe erfolgt hier mittels Orientierung am BMF-Schreiben vom 22.10.2004[7], welches auf ein BFH Urteil aus dem Jahre 2003 zurückgeht.

Hiernach übt derjenige einen Heil- oder Hilfsberuf aus, dessen Tätigkeit der Feststellung, Heilung oder Linderung von Krankheiten oder Körperschäden bei Menschen dient. Dazu gehören auch Leistungen der vorbeugenden Gesundheitspflege.

Heilpraktiker, Dentisten und Krankengymnasten erfüllen diese Voraussetzung und sind darüber hinaus ausdrücklich im Gesetz aufgeführt (§ 18 (1) Nr.1 S. 2 EStG).

Krankengymnasten (Physiotherapeuten) setzen körperliche Bewegungen als eine Art Heilmittel ein. Ihre Tätigkeit richtet sich nach dem Gesetz über die Berufe in der Physiotherapie. Dentisten sind selbstständig in der Zahnheilkunde tätig. Es handelt sich um heilende Tätigkeiten, nicht um zahntechnische Tätigkeiten. Ein Hochschulstudium ist nicht erforderlich, wohl aber eine fachliche Qualifikation. Die Tätigkeit der Heilpraktiker regelt sich nach dem Heilpraktikergesetz. Es handelt sich um eine Tätigkeit unter Erlaubnisvorbehalt und unter Aufsicht der Gesundheitsbehörden.[8]

1.4 Ähnliche Berufe

Apotheker erzielen Einkünfte aus gewerblicher Tätigkeit (§ 15 EStG), üben keine selbständige freiberufliche Tätigkeit aus und sind daher gewerbesteuerpflichtig.

Die Öffnungsklausel („... und ähnlicher Berufe.") des § 18 (1) Nr. 1 EStG ist nach der Rechtsprechung des BFH wie folgt auszulegen: Hiernach liegt ein ähnlicher Beruf vor, wenn er in den wesentlichen Punkten mit den im Gesetz genannten Katalogberufen verglichen werden kann. Das typische Bild der Katalogberufe (§ 18 (1) Nr. 1 EStG) muss hinsichtlich der wesentlichen Merkmale mit dem Gesamtbild des zu beurteilenden Berufs vergleichbar sein. Es muss eine Ver-

---

[7] Vgl. BMF vom 22.10.2004, BStBl., 2004, S. 1030.
[8] Vgl. Frotscher, Kommentierung zu § 18.

1.4 Ähnliche Berufe

gleichbarkeit hinsichtlich der Ausbildung, des ausgeübten Berufes und der Kenntnisse vorliegen. Diese muss sich auf die wesentlichen Tätigkeiten des Berufes beziehen und dem Beruf das Gepräge geben. Allerdings geht der BFH[9] davon aus, dass eine Kassenzulassung gem. § 124 (2) SGB V ausreicht.

Nach Auffassung der Finanzverwaltung gehört dazu die Vergleichbarkeit der jeweilig ausgeübten Tätigkeit nach den wesentlichen, die Tätigkeit charakterisierenden Merkmalen. Die Vergleichbarkeit der Ausbildung und die Vergleichbarkeit der Bedingungen, an die das Gesetz die Ausübung des zu vergleichenden Berufs knüpft, sind die zentralen Merkmale dieser Prüfung. Die ausgeübte Tätigkeit ist vergleichbar, wenn die Ausübung der Heilkunde dient. Die Ausbildung ist vergleichbar, wenn sie als mehrjährige, theoretische und praktische Ausbildung aufgrund eines Berufsgesetzes absolviert wird. Die gesetzlichen Bedingungen an die Ausübung des Berufes sind vergleichbar, wenn für den zu beurteilenden Beruf ein bundeseinheitliches Berufsgesetz existiert. Darüber hinaus muss die Berufsausübung unter Erlaubnisvorbehalt stehen. Weitere Voraussetzung ist eine staatliche Überwachung.[10]

Für den Fall, dass der zu beurteilende Beruf nicht unter die oben genannten Voraussetzungen zu subsumieren ist, zieht die Finanzverwaltung laut ihrer Stellungnahme noch eine andere Möglichkeit in Betracht. Diese wird im folgenden Absatz dargestellt.

Abweichend von den oben dargestellten Grundsätzen stellt die Zulassung der Berufsgruppe oder des Einzelnen gem. § 124 (2) SGB V durch die zuständigen Stellen der gesetzlichen Krankenkassen ein Indiz für das Vorliegen eines Katalogberufes dar. Darüber hinaus kann der Steuerpflichtige durch ein Gutachten nachweisen, dass die Ausbildung, die Erlaubnis und die Tätigkeit mit den Erfordernissen vergleichbar sind. Die Finanzverwaltung hat eine Liste – ihrer Meinung nach – vergleichbarer Berufe zusammengestellt. Diese ist dem BMF-Schreiben vom 22.10.2004 zu entnehmen:

... Nach den vorgenannten Grundsätzen üben demnach folgende Berufsgruppen eine freiberufliche Tätigkeit aus:

- *Altenpfleger, soweit keine hauswirtschaftliche Versorgung der Patienten erfolgt*
- *Diätassistenten*
- *Ergotherapeuten*
- *Fußpfleger, medizinische*
- *Hebammen/Entbindungspfleger*

---

[9] Vgl. BFH vom 28.08.2003, IV R 69/00, BStBl. II 2004, S. 954, FR 2004, 244 ff.
[10] Vgl. BMF vom 22.10.2004, BStBl. I 2004, S. 1030 f.

- *Krankenpfleger/Krankenschwestern, soweit keine hauswirtschaftliche Versorgung der Patienten erfolgt*
- *Logopäden*
- *staatlich geprüfte Masseure, Heilmasseure, soweit diese nicht lediglich oder überwiegend kosmetische oder Schönheitsmassagen durchführen*
- *medizinische Bademeister, soweit diese auch zur Feststellung des Krankheitsbefunds tätig werden oder persönliche Heilbehandlungen am Körper des Patienten vornehmen*
- *medizinisch-technische Assistenten*
- *Orthoptisten*
- *Psychologische Psychotherapeuten, Kinder- und Jugendlichenpsychotherapeuten*
- *Podologen*
- *Rettungsassistenten*
- *Zahnpraktiker ...*

1.5 Abgrenzungsprobleme

1.5.1 Infektionstheorie – Abfärbung

Im Ertragsteuerrecht können gewerbliche Einkünfte zur Infektion (Anfärbung) der freiberuflichen Einkünfte führen (§ 15 (3) Nr.1 EStG). Folge dessen ist, dass alle Einkünfte als gewerbliche Einkünfte zu qualifizieren sind. Damit unterliegen auch die Einkünfte aus freiberuflicher Tätigkeit in Folge der Infektion der Gewerbesteuer.[11]

Wenn ärztliche oder andere ähnliche heilberufliche Tätigkeiten als freiberufliche Tätigkeiten (§ 18 EStG) zu würdigen sind, können parallel gewerbliche Einkünfte (§ 15 EStG) vorliegen. Die Tätigkeiten sind entweder einheitlich oder getrennt zu behandeln.

Besteht zwischen beiden Tätigkeiten kein sachlicher und wirtschaftlicher Zusammenhang, werden gewerbliche und freiberufliche Tätigkeiten nebeneinander erzielt. Selbst wenn wirtschaftliche Berührungspunkte bestehen, sind die Tätigkeiten getrennt zu erfassen.[12]

Sind die verschiedenen Tätigkeiten allerdings derart miteinander verflochten, dass sie sich gegenseitig unlösbar bedingen, liegt eine einheitliche Tätigkeit vor. Die Tätigkeit ist einheitlich zu beurteilen. Werden hiernach gemischte Leistungen erbracht, ist die Tätigkeit danach zu qualifizieren, welche der Tätigkeiten dem Betrieb als Ganzes das Gepräge gibt.[13]

---

[11] Zur Problematik allgemein: Vgl. Bode Kommentierung zu § 15, Rd. Nr. 221 ff.
[12] Vgl. H. 15.6 EStR.
[13] Vgl. H. 15.6 EStR.

Für die Praxis bedeutet das, dass selbst in dem Fall, in dem eine Trennung nach den oben genannten Grundsätzen möglich ist, eine Infektion (§ 15 (3) Nr.1 EStG) der freiberuflichen Einkünfte durch die gewerblichen Einkünfte erfolgen kann. Dieses kann vermieden werden, wenn neben der freiberuflichen Tätigkeit ein eigenständiges Gewerbe angemeldet wird.

Auf eine Bagatellgrenze, bis zu der parallel erzielte gewerbliche Einkünfte ausnahmsweise zu keiner Infektion führen, wird hier nicht eingegangen.

Betreibt z. B. ein Arzt eine Klinik, ein Kurheim bzw. ein Sanatorium, dass als Gewerbe zu qualifizieren ist, so sind – nach der Rechtsprechung des BFH – auch seine ärztlichen Leistungen als Leistungen des Gewerbebetriebes zu würdigen. Dieses jedoch nur für den Fall, dass ein einheitliches Entgelt vereinbart wurde.[14]

Für den Fall, dass zwei getrennte Verträge abgeschlossen wurden, mit zwei getrennten Entgelten, einmal mit dem gewerblichen Betrieb und einmal mit dem freiberuflichen Arzt, wird man von gewerblichen (§ 15 EStG) und freiberuflichen Einkünften (§ 18 EStG) parallel ausgehen können.

Der Verkauf von Tierfutter durch Tierärzte führt zu gewerblichen Einkünften. Gleiches gilt nach Rechtsprechung des BFH für die Abgabe von Medikamenten und Impfstoffen, soweit sie nicht eine ärztliche Heilbehandlung ergänzen und hinter dieser zurücktreten. Auch in diesen Fällen kann es zu einer Infektion der freiberuflichen Einkünfte kommen.[15]

Gleiches gilt – nach der Rechtsprechung des BFH – für den Verkauf von Kontaktlinsen nebst Pflegemittel durch Augenärzte und den Verkauf von Mundhygieneartikeln durch Zahnärzte.[16]

Auch in diesen Fällen kann das Risiko durch Trennung der Buchhaltungen und durch die Anmeldung eines eigenständigen Gewerbes umgangen werden.

1.5.2 Mithilfe anderer Personen

Freiberufler bedienen sich der Mithilfe qualifizierter Mitarbeiter. Dieses unterscheidet ihn nicht von einem gewerblichen Unternehmer. Fraglich ist, ob sich hieraus ein Risiko insoweit ergeben kann, dass freiberufliche Einkünfte als gewerbliche Einkünfte umqualifiziert werden müssen.

---

[14] Vgl. H. 15.6 EStR.
[15] Vgl. R. 15.6 EStR
[16] Vgl. R. 15.5 EStR

Der freiberuflichen Tätigkeit liegt – wie bereits oben erläutert – das Leitbild der Stempeltheorie zu Grunde. Die Einkünfte sind als freiberufliche Einkünfte zu würdigen, wenn der Berufsträger aufgrund seiner Qualifikation leitend, eigenverantwortlich im Mittelpunkt eines Unternehmens steht. Genauer könnte man es so ausdrücken, dass die Leistungen den Stempel der Persönlichkeit des Arztes tragen. Hierbei ist auf die Gesamttätigkeit abzustellen. Ihn unterscheidet von einer gewerblichen Tätigkeit (Vervielfältigungstheorie), dass die Ausführung jedes Auftrages ihm und nicht dem qualifizierten Mitarbeiter, seinen technischen Hilfsmitteln oder dem Unternehmen als Ganzes zuzurechnen ist. Ausreichend ist allerdings eine fachliche Überprüfung der einzelnen Arbeitsleistungen und der Mitarbeiter.[17]

Dieses ist dann nicht mehr der Fall, wenn er Ärzte einstellt, die fachfremd sind bzw. keine hinreichende Fachnähe aufweisen.

1.6 Umsatzsteuergesetz

1.6.1 Grundsätzliches

Gemäß § 2 (1) UStG ist Unternehmer, wer eine gewerbliche oder berufliche Tätigkeit selbstständig ausübt. Das Unternehmen umfasst die gesamte (gewerbliche) oder berufliche Tätigkeit des Unternehmers. Gewerblich oder beruflich ist hiernach jede nachhaltige Tätigkeit zur Erzielung von Einnahmen, auch wenn die Absicht Gewinn zu erzielen fehlt. Eine Tätigkeit wird nachhaltig ausgeübt, wenn eine Wiederholungsabsicht besteht. Für den Arzt gelten die allgemeinen Grundsätze. Wenn wir vom Regelfall ausgehen, wird die Tätigkeit in Deutschland ausgeübt, so dass die Umsätze steuerbar sind (§ 1 (1) UStG).[18]

Zu prüfen ist, ob steuerfreie (§ 4 UStG) oder steuerpflichtige Umsätze vorliegen und letztlich, wenn steuerpflichtig, zu welchem Steuersatz (§ 12 UStG).

Wie auch anderen Unternehmern, räumt das Umsatzsteuergesetz gem. § 20 Nr. 3 UStG dem Arzt auf Antrag (im Rahmen der gesetzlichen Umsatzgrenze von 500.000 €) das Wahlrecht ein, die Umsätze nach vereinnahmten Entgelten zu versteuern.

---

[17] Vgl. R. 15.5 EStR
[18] Vgl. Radeisen, Kommentierung zu § 2.

1.6.2 Steuerbefreiungsvorschriften § 4 Nr. 14 a oder 14 b UStG

Hinsichtlich der Befreiung ist § 4 Nr. 14a oder 14b UStG einschlägig. Zu betonen ist, dass entweder Buchstabe a oder Buchstabe b einschlägig ist.[19] Die Vorschrift wird aufgrund der Bedeutung und zum besseren Verständnis abgedruckt:

Von den unter § 1 Abs. 1 Nr. 1 fallenden Umsätzen sind steuerfrei: ...

... 14.

a)

Heilbehandlungen im Bereich der Humanmedizin, die im Rahmen der Ausübung der Tätigkeit als Arzt, Zahnarzt, Heilpraktiker, Physiotherapeut, Hebamme oder einer ähnlichen heilberuflichen Tätigkeit durchgeführt werden. Satz 1 gilt nicht für die Lieferung oder Wiederherstellung von Zahnprothesen (aus Unterpositionen 9021 21 und 9021 29 00 des Zolltarifs) und kieferorthopädischen Apparaten (aus Unterposition 9021 10 des Zolltarifs), soweit sie der Unternehmer in seinem Unternehmen hergestellt oder wiederhergestellt hat;

b)

Krankenhausbehandlungen und ärztliche Heilbehandlungen einschließlich der Diagnostik, Befunderhebung, Vorsorge, Rehabilitation, Geburtshilfe und Hospizleistungen sowie damit eng verbundene Umsätze, die von Einrichtungen des öffentlichen Rechts erbracht werden. Die in Satz 1 bezeichneten Leistungen sind auch steuerfrei, wenn sie von
aa)
zugelassenen Krankenhäusern nach § 108 des Fünften Buches Sozialgesetzbuch,
(...)

§ 4 Nr. 14 a UStG beinhaltet Leistungen, die aufgrund einer Vertrauensbeziehung zwischen Patient und behandelndem Arzt zustande kommen. Es handelt sich um Behandlungen im Bereich des Arztes, Zahnarztes, Heilpraktikers, Physiotherapeuten, Hebamme oder ähnlichen heilberuflichen Tätigkeiten. § 4 Nr. 14 b UStG stellt auf Leistungen ab, bei denen es an einer persönlichen Leistungsbeziehung fehlt. Hier wird die Krankenhausbehandlung als solche erfasst. Diese umfasst alle Leistungen einschließlich Verpflegung, Unterbringung und medizinischen Behandlungen.[20]

---

[19] Zu der Vorschrift: Vgl. Oelmaier, Kommentierung zu § 4 Nr. 14.
[20] Vgl. BFH vom 18.03.2004, V R 53/00, BStBl. II 2004, 677, UR 2004, S. 421; EuGH vom 18.11.2010, C-156/09, DStRE 2011, S. 311.

Umsatzsteuerlich wird jede Leistung für sich gewürdigt. So können umsatzsteuerfreie und umsatzsteuerpflichtige Leistung parallel vorliegen. Hier kann es nicht zu einer Umqualifizierung von umsatzsteuerfreien zu umsatzsteuerpflichtigen Leistungen kommen. Eine Infektion existiert im Gegensatz zum Ertragssteuererrecht im Umsatzsteuerrecht nicht.

1.6.3 Steuerbefreiung gem. § 4 Nr. 14 a UStG

Voraussetzung der Untersteuerbefreiung gem. § 4 Nr.14 a UStG ist eine Heilbehandlung mit therapeutischem Ziel sowie ein Befähigungsnachweis des Leistungserbringers.[21] Zu beachten ist das hier – zumindest in der Theorie – nicht von den ertragsteuerlichen Begriffen auszugehen ist. Umsatzsteuerliche Begriffe sind unabhängig von ertragssteuerlichen Begriffen auszulegen. Dieses resultiert daraus, dass das Umsatzsteuerrecht eine europäische Quelle hat und das deutsche Ertragsteuerrecht deutsches Recht ist.

Art. 132 MWSt-Systemrichtlinie geht von einem ärztlichen oder arztähnlichen Beruf aus. Die Transformation in deutsches Recht räumt Mitgliedsstaaten der Europäischen Union einen gewissen Spielraum ein. Hinsichtlich der ärztlichen Qualifikation (Befähigungsnachweis) ist in der Praxis auf die Zulassung bzw. die Approbation abzustellen.

Neben dem Befähigungsnachweis ist die zweite Voraussetzung für eine Steuerbefreiung eine Leistung, die als Heilbehandlung zu qualifizieren ist.

Hinsichtlich der Definition einer Heilbehandlung kann wieder auf das Schreiben der Finanzverwaltung – das die Rechtsprechung des BFH wiedergibt – zurückgegriffen werden. Hiernach sind Heilbehandlungen Maßnahmen, die der Feststellung, Heilung oder Linderung von Krankheiten, Leiden oder Körperschäden bei Menschen dienen, einschließlich der vorbeugenden Gesundheitspflege.[22]

Es ist auf das therapeutische Ziel abzustellen. Hierbei kann es sich um Untersuchungen, konkrete Heilbehandlungen, aber auch Patienten bezogene Gutachten und andere Tätigkeiten handeln.

Darunter fallen insbesondere auch die so genannten individuellen Gesundheitsleistungen (iGeL). Hierbei kommt es nicht darauf an, ob die Sozialversicherungen diese Behandlung anerkennen. Allerdings kann man davon ausgehen,

---

[21] Vgl. 1.6.5.
[22] Vgl. BMF vom 22.10.2004, BStBl. 2004 I, S. 1030.

dass die Kostenübernahme durch eine gesetzliche Krankenkasse ein wichtiges Argument bzw. ein Indiz für das Vorliegen einer Heilbehandlung darstellt.[23] Nicht unter die Vorschrift fallen Leistungen, die lediglich mittelbar bzw. in einem entfernten Zusammenhang mit einer ärztlichen Leistung stehen.

1.6.4 Beispiele

So kommt es z. B. im Bereich der Schönheitschirurgie darauf an, ob die Eingriffe medizinisch indiziert sind. Eine Indikation liegt z. B. bei konstruktiver Chirurgie vor, nicht aber im Rahmen von allgemeiner Schönheitschirurgie wie das Liften von Fältchen oder vergleichbaren Eingriffen.[24]

Vor dem Hintergrund der medizinischen Indikation ist auch die Tätigkeit des Arztes als Gutachter zu würdigen. Die gutachterliche Tätigkeit in einem unmittelbar konkreten Zusammenhang mit der Erkrankung eines Patienten ist als umsatzsteuerfrei zu würdigen. Die gutachterliche Tätigkeit ohne einen konkreten Bezug auf einen Krankheitsfall ist dagegen nicht von der Umsatzsteuer befreit (z. B. die fallübergreifenden Gutachten für die pharmazeutische Industrie).[25]

Hinsichtlich des Vorsteuerabzugs gelten die allgemeinen gesetzlichen Regelungen (§ 15 UStG). Soweit steuerfreie Leistungen erbracht werden, ist der Vorsteuerabzug im Regelfall ausgeschlossen (§ 15 (1a) u. (2) UStG). Soweit steuerpflichtige und steuerfreie Umsätze getätigt werden, erfolgt eine Aufteilung des Vorsteuerabzuges nach den allgemeinen gesetzlichen Regelungen (§ 15 (4) UStG). Praktisch bedeutet das, dass die Vorsteuer auf ein Konto gebucht wird, bei dem die Vorsteuer aufgeteilt werden kann. Die nicht abzugsfähige Vorsteuer stellt Aufwand da.

Gestaltungstechnisch sollte im Hinblick auf die Beweissicherung darauf geachtet werden, dass im Bereich der individuellen Gesundheitsleistungen (iGeL) entsprechende Aufzeichnungen hinsichtlich des therapeutischen Endziels vorliegen. Eine fehlende Kostenübernahme durch die gesetzliche Krankenkasse spricht zunächst gegen ein vorliegendes therapeutisches Ziel. Der Arzt trägt die Beweislast für das Vorliegen einer Befreiungsvorschrift.

---

[23] Vgl. FG Köln vom 26.01.2006, 10 K 5354/02, EfG 2006, S. 774.
[24] Vgl. FG Rheinland-Pfalz vom 14.12.2004, 2 K 2588/04
[25] Vgl. EuGH vom 14.09.2000, Rs. C-384/98, Slg 2000, I-6795; UR 2000.

1.6.5 Umsatzsteuer sonstiger Heil- und Hilfsberufe

1.6.5.1 Grundsätzliches

Unternehmer ist, wer eine gewerbliche oder berufliche Tätigkeit selbständig ausübt. Das Unternehmen umfasst die gesamte gewerbliche oder berufliche Tätigkeit des Unternehmers. Gewerblich oder beruflich ist jede nachhaltige Tätigkeit zur Erzielung von Einnahmen, auch wenn die Absicht Gewinn zu erzielen fehlt (§ 2 (1) UStG).

Auch die Leistungen sonstiger Heil- und Hilfsberufe sind folglich unternehmerische Leistungen. Sie sind steuerpflichtig soweit keine Befreiungsvorschrift vorliegt. Einschlägig ist § 4 Nr. 14 a UStG. Auf das Verhältnis zwischen Nr. 14 Buchstabe a und Buchstabe b der Vorschrift wurde bereits oben eingegangen.[26] Hiernach sind Umsätze ähnlicher heilberuflicher Tätigkeiten von der Umsatzsteuer befreit (§ 4 Nr. 14 a S. 1 UStG)

Auf die Autonomie umsatzsteuerlicher Rechtsauslegung und damit die Unabhängigkeit vom Ertragsteuerrecht wird unten eingegangen.[27] Das Umsatzsteuergesetz hat seine Quelle in der europäischen Richtliniengebung. Zweck der hier vorliegenden Befreiungsvorschrift ist insbesondere die Entlastung der Sozialsysteme.

1.6.5.2 Rechtsprechung des Bundesverfassungsgerichtes (BVerfG)

Das Bundesverfassungsgericht hat in zwei Entscheidungen des Jahres 1999 zur Auslegung der Vorschrift § 4 Nr. 14 a UStG hinsichtlich der ähnlichen heilberuflichen Tätigkeiten Stellung genommen.[28] Darin sprach es sich insbesondere gegen die Notwendigkeit einer berufsrechtlichen Regelung aus. Einschlägig war der Fall eines medizinischen Fußpflegers und eines Heiltherapeuten.

Aufgrund der allgemeinen Bedeutung werden die Entscheidungen hier wiedergegeben:

(...)

... Nach diesem Maßstab verstößt die angegriffene Entscheidung des Bundesfinanzhofs, die einer beruflichen Tätigkeit als Heileurythmist die Umsatzsteuerbefreiung nur zuspricht, wenn der Gesetzgeber sie entweder in den Katalog des § 4 Nr. 14 UStG aufgenommen oder ihre Ähnlichkeit mit einem Katalogberuf durch eine Berufsregelung bestätigt hat, gegen das Gleichbehandlungsgebot des Art. 3 Abs. 1 GG.

---

[26] Vgl. 1.6.2.
[27] Vgl. 1.6.5.3.
[28] Vgl. BVerfG vom 29.10.1999, 2 BvR 1264/90, BStBl. II 2000, 155 ff.; BVerfG vom 10.11.1999, 2 BvR 1820/92. BStBl. II 2000, 158 ff.

1.6 Umsatzsteuergesetz

1. Die angegriffene Entscheidung führt im Ergebnis dazu, daß der Beschwerdeführer allein deshalb von der Umsatzsteuerbefreiung für heilberufliche Tätigkeiten im Sinne des § 4 Nr. 14 UStG ausgenommen ist, weil keine berufsrechtlichen Regelungen für die Heileurythmie bestehen.

a) Die berufsrechtliche Regelung ist kein eigenständiger Differenzierungsgrund, von dessen Vorliegen die Ähnlichkeit mit einer „heilberuflichen Tätigkeit" im Sinne des § 4 Nr. 14 UStG allein abhängig gemacht werden könnte. Eine berufsrechtliche Regelung mag geeignet sein, die berufliche Qualifikationshöhe einzuschätzen. <u>*Das Fehlen einer berufsrechtlichen Regelung gibt jedoch für sich genommen noch keinen ausreichenden Anhalt dafür, eine Ähnlichkeit mit einem in § 4 Nr. 14 UStG genannten Beruf zu verneinen und die Berufstätigkeit von der umsatzsteuerlichen Begünstigung auszunehmen.*</u> *Der umsatzsteuerliche Belastungsgrund erfaßt die entgeltliche unternehmerische Leistung unabhängig von der beruflichen Qualifikation des Unternehmers. Der Befreiungstatbestand des § 4 Nr. 14 UStG zeichnet auch keinen berufsrechtlichen Lenkungszweck vor, der die Steuerbefreiung für Heil- und Heilhilfsberufe von ihrer beruflichen Qualifikation abhängig machen würde. Vielmehr ist erkennbarer Normzweck des § 4 Nr. 14 UStG allein die Entlastung der Sozialversicherungsträger von der Umsatzsteuer (vgl. Weymüller, in: Sölch/Ringleb/List, Umsatzsteuergesetz, Kommentar <Stand: 1. Oktober 1997> § 4 Nr. 14 Rz. 1; Birkenfeld, Das große Umsatzsteuerhandbuch, 3. Aufl. 1998, II Rz. 453 <Stand: September 1994>; Plückebaum-Malitzky, Umsatzsteuergesetz, Kommentar, Loseblatt <Stand: Januar 1983> § 4 Nr. 14 Rn. 4 <449/2>; Bericht des Finanzschusses zum Entwurf eines Umsatzsteuergesetzes, zu BTDrucks V/1581, S. 5, 12).*

b) Auch die Verwaltungspraxis der Umsatzbesteuerung von Heil- und Heilhilfsberufen bestimmte die umsatzsteuerlichen Rechtsfolgen nicht allein nach berufsrechtlichen Vorgaben. Die Finanzverwaltung behandelte die Tätigkeit der nicht ärztlichen Psychagogen und Psychotherapeuten ohne Heilpraktikererlaubnis trotz fehlender berufsrechtlicher Regelung als ähnliche heilberufliche Tätigkeit im Sinne des § 4 Nr. 14 UStG und befreite sie deshalb von der Umsatzsteuer, wenn die Tätigkeit aufgrund einer Zuweisung des Patienten durch einen Arzt und unter dessen Verantwortung ausgeübt wurde (vgl. Schreiben des Bundesministeriums der Finanzen vom 29. November 1980, BStBl I 1981, S. 29; Abschn. 90 Abs. 3 Umsatzsteuerrichtlinien 1996); erst mit Gesetz vom 16. Juni 1998 (BGBl I S. 1311) wurde die schon seit mehreren Legislaturperioden angekündigte berufsrechtliche Regelung für Psychotherapeuten geschaffen (vgl. BTDrucks 12/5890, 13/8035).

c) Schließlich deutet auch das vom Beschwerdeführer im finanzgerichtlichen Verfahren vorgelegte Schreiben des Gesundheitsministeriums Baden-Württemberg vom 5. Juli 1978 zu Gründen einer bisher unterbliebenen berufsrechtlichen Regelung weniger auf eine Entscheidung des Gesetzgebers gegen eine Umsatzsteuerbefreiung für Heileurythmisten als lediglich auf ein mangelndes Bedürfnis zur gesetzlichen Regelung angesichts der relativ geringen Zahl der als Heileurythmisten Tätigen.

2. Im Ergebnis ist deshalb kein sachlich rechtfertigender Grund ersichtlich, dem Beschwerdeführer die Steuerbefreiung des § 4 Nr. 14 UStG zu versagen, wenn Leistungen eines Heileurythmisten in der Regel von den Sozialversicherungsträgern finanziert werden. Dies wird im erneuten fachgerichtlichen Verfahren zu prüfen sein.

(...)

In der zweiten Entscheidung führt das Bundesverfassungsgericht aus:

(...)

... 1. Nach diesem Maßstab verstoßen die angegriffenen Entscheidungen, wonach die berufliche Tätigkeit als medizinischer Fußpfleger erst die Umsatzsteuerbefreiung beanspruchen darf, wenn der Gesetzgeber sie entweder in den Katalog des § 4 Nr. 14 UStG aufgenommen oder ihre Ähnlichkeit durch eine <u>Berufsregelung</u> mit einem Katalogberuf bestätigt habe, gegen das Gleichbehandlungsgebot des Art. 3 Abs. 1 GG und verletzen den Beschwerdeführer in diesem Grundrecht.

*a) Die angegriffenen Entscheidungen nehmen den Beschwerdeführer allein deshalb von der Umsatzsteuerbefreiung im Sinne des § 4 Nr. 14 UStG aus, weil in Nordrhein-Westfalen keine berufsrechtlichen Regelungen für medizinische Fußpfleger bestehen. **Die berufsrechtliche Regelung aber ist kein eigenständiger Differenzierungsgrund, von dessen Vorliegen die Ähnlichkeit mit einer „heilberuflichen Tätigkeit" im Sinne des § 4 Nr. 14 UStG allein abhängig gemacht werden könnte.** Eine berufsrechtliche Regelung mag geeignet sein, die berufliche Qualifikationshöhe einzuschätzen. **Das Fehlen einer berufsrechtlichen Regelung gibt jedoch für sich genommen noch keinen ausreichenden Anhalt dafür, eine Ähnlichkeit mit einem in § 4 Nr. 14 UStG genannten Beruf zu verneinen und die Berufstätigkeit von der umsatzsteuerlichen Begünstigung auszunehmen.** Der umsatzsteuerliche Belastungsgrund erfaßt die entgeltliche unternehmerische Leistung unabhängig von der beruflichen Qualifikation des Unternehmers. Der Befreiungstatbestand des § 4 Nr. 14 UStG zeichnet auch keinen berufsrechtlichen Lenkungszweck vor, der die Steuerbefreiung für medizinische Fußpfleger von ihrer beruflichen Qualifikation abhängig machen würde. **Erkennbarer Normzweck des § 4 Nr. 14 UStG ist allein die Entlastung der Sozialversicherungsträger von der Umsatzsteuer** (vgl. Weymüller, in: Sölch/Ringleb/List, Umsatzsteuergesetz, Kommentar <Stand: 1. Oktober 1997>, § 4 Nr. 14 Rn. 1; Birkenfeld, Das große Umsatzsteuerhandbuch, 1996, II, Rn. 453; Plückebaum-Malitzky, Umsatzsteuergesetz, Kommentar, Loseblatt <Stand: Januar 1983>, § 4 Nr. 14 Rn. 4 <449/2>; Bericht des Finanzausschusses zum Entwurf eines Umsatzsteuergesetzes, zu BTDrucks V/1581, S. 5, 12; Beschluß des Zweiten Senats des Bundesverfassungsgerichts vom 29. Oktober 1999 – 2 BvR 1264/90 –).*

*b) Im Ergebnis läßt die angegriffene Entscheidung **keinen sachlich rechtfertigenden Grund erkennen**, um dem Beschwerdeführer die Steuerbefreiung des § 4 Nr. 14 UStG zu versagen.*

(...)

Das Bundesverfassungsgericht hat in beiden Fällen entschieden, dass das Fehlen einer berufsrechtlichen Regelung kein Grund sei, die Anwendung der Befreiungsvorschrift zu versagen. Das Bundesverfassungsgericht stellte darauf ab, dass die Befreiungsvorschrift der Entlastung der Sozialversicherung diene. Die Prüfung beim Bundesverfassungsgericht erfolgte hinsichtlich der Vereinbarkeit mit Art. 3 (1) des Grundgesetzes.

1.6.5.3 Entscheidung des Europäischen Gerichtshofes (EuGH)

Damit wird diese Vorschrift (§ 4 Nr. 14 a UStG) vom Bundesverfassungsgericht anders ausgelegt als vom Europäischen Gerichtshof.[29] Dieser legt (Auslegung der entsprechenden Richtlinie – Vorschriften der 6. EG Richtlinie) den Begriff der Heilbehandlung und der dem Heilberuf ähnliche Tätigkeiten dahingehend aus, dass über diese Tätigkeiten hinaus, ein Befähigungsnachweis gefordert wird. Der Europäische Gerichtshof fordert einen Qualifikationsnachweis.

Aufgrund der Bedeutung des Urteils und damit sich der Leser eine eigene Meinung bilden kann, wird die Entscheidung hier auszugsweise wiedergegeben:

(...)

Zum Begriff „ärztliche Heilbehandlung"

— *Beim Gerichtshof eingereichte Erklärungen*

36 Dornier trägt vor, die psychotherapeutischen Behandlungen, die sie in ihrer Ambulanz mit Diplompsychologen durchführe, stellten „ärztliche Heilbehandlungen" im Sinne von Artikel 13 Teil A Absatz 1 Buchstabe b der Sechsten Richtlinie dar. Die von den Psychotherapeuten erbrachten Behandlungsleistungen umfassten die Diagnose, die Behandlung und die Heilung psychischer Krankheiten oder Störungen. Somit handele es sich um medizinische Leistungen im Sinne des Urteils vom 14. September 2000 in der Rechtssache C-384/98 (D., Slg. 2000, I-6795, Randnrn. 17 und 18), die die menschliche Gesundheit beträfen.

37 Nach der Definition der „ärztlichen Heilbehandlung" durch den Gerichtshof sei der materielle Inhalt der Leistung festzustellen und zu qualifizieren, d.h. die dauerhafte Fähigkeit zur Erbringung einer medizinischen Leistung, und nicht die formale Zulassung des Leistungserbringers als Arzt oder als eine den Ärzten berufsrechtlich gleichgestellte Person. Diese Gleichstellung sei aufgrund der im Jahr 1990 noch unzulänglichen berufsrechtlichen Lage der Psychotherapeuten nicht gegeben gewesen.

38 Es sei nicht Voraussetzung für die Befreiung von der Mehrwertsteuer gemäß Artikel 13 Teil A Absatz 1 Buchstabe b der Sechsten Richtlinie, dass die Heilbehandlung durch eine bestimmte Personengruppe, nämlich die approbierten Ärzte im Sinne der Bundesärzteordnung, ausgeführt werde. In diesem Fall hätte eine Formulierung wie „Heilbehandlung durch Ärzte" gewählt werden müssen. Die Prüfung verschiedener Sprachfassungen der Sechsten Richtlinie bestätige, dass es sich bei dem Begriff „ärztliche Heilbehandlung" um einen tätigkeitsbezogenen materiellen Begriff handele. Für die Steuerbefreiung könne es deshalb nicht darauf ankommen, dass die Tätigkeit durch einen Arzt oder auch nur unter Aufsicht eines Arztes durchgeführt werde. Vielmehr reiche die Heilbehandlung durch einen zugelassenen Angehörigen eines Heilberufs aus, dessen <u>Qualifikation</u> — wie bei den im Ausgangsverfahren in Rede stehenden Diplompsychologen — mit der eines Arztes <u>vergleichbar sei</u>. (...)

---

[29] Vgl. EuGH vom 6.11.2003, Rs. C-45/01, Sgl. 2003, I-12911 ff.: UR 2003, S. 584 ff.

(...) Die Anwendbarkeit des Begriffes „ärztliche Heilbehandlung" auf die im Ausgangsverfahren streitigen psychotherapeutischen Behandlungen stehe auch in Einklang mit Sinn und Zweck der Steuerbefreiung nach Artikel 13 Teil A Absatz 1 Buchstabe b der Sechsten Richtlinie, durch die „gewährleistet werden soll, dass der Zugang zu [ärztlicher Heilbehandlung und Krankenhausbehandlung] nicht durch die höheren Kosten versperrt wird, die entstünden, wenn die Behandlungen selbst oder die eng mit ihnen verbundenen Umsätze der Mehrwertsteuer unterworfen wären" (Urteil Kommission/Frankreich, Randnr. 23). Psychotherapeutische Behandlungen dienten regelmäßig zur Behandlung einer Krankheit oder einer anderen Gesundheitsstörung und seien damit als Heilbehandlungen anzusehen.

41 Die deutsche Regierung führt aus, Artikel 13 Teil A Absatz 1 Buchstabe b der Sechsten Richtlinie gelte nur für „ärztliche Heilbehandlungen" im eigentlichen Wortsinne. In dieser Bestimmung werde im Gegensatz zu Absatz 1 Buchstabe c nicht der Oberbegriff „Heilbehandlung" verwendet und keine Differenzierung zwischen „ärztlich" und „arztähnlich" vorgenommen.

— *Antwort des Gerichtshofes*

42 Nach der Rechtsprechung des Gerichtshofes sind die Steuerbefreiungen des Artikels 13 der Sechsten Richtlinie eng auszulegen, da sie Ausnahmen von dem allgemeinen Grundsatz darstellen, dass jede Dienstleistung, die ein Steuerpflichtiger gegen Entgelt erbringt, der Mehrwertsteuer unterliegt (vgl. u. a. Urteil vom 5. Juni 1997 in der Rechtssache C-2/95, SDC, Slg. 1997, I-3017, Randnr. 20, und Urteil Kügler, Randnr. 28). ***Die Auslegung des Wortlauts dieser Bestimmung muss jedoch mit den Zielen in Einklang stehen, die mit den Befreiungen verfolgt werden, und den Erfordernissen des Grundsatzes der steuerlichen Neutralität entsprechen, auf dem das gemeinsame Mehrwertsteuersystem beruht.***

43 Insoweit geht aus der Rechtsprechung hervor, dass das Ziel, die Kosten der Heilbehandlungen zu senken und diese Behandlungen dem Einzelnen zugänglicher zu machen, ein gemeinsames Ziel der Steuerbefreiungen sowohl nach Artikel 13 Teil A Absatz 1 Buchstabe b der Sechsten Richtlinie als auch nach Buchstabe c dieses Absatzes ist (vgl. Urteile Kommission/Frankreich, Randnr. 23, und Kügler, Randnr. 29).

(...)

1.6.5.4 Rechtsprechung des Bundesfinanzhofes (BFH)

Auch die Rechtsprechung des Bundesfinanzhofes (BFH) ist mit der Rechtsauffassung des EuGH vereinbar. Der Bundesfinanzhof geht von zwei Voraussetzungen für eine Steuerbefreiung aus: erstens seiner arztähnlichen Leistung und zweitens einem Befähigungsnachweis. Er sieht in der Übernahme der Kosten durch die Sozialversicherungsträger ein Indiz für die Befähigung. Ausreichend ist daher in der Praxis die Aufnahme der Leistungen in den Leistungskatalog (§ 92 SGB V) der gesetzlichen Krankenkassen.[30]

---

[30] Vgl. BFH vom 11.11.2004, V R 34/02, BStBl. II 2005, 316, BB 2005, S. 589, vgl. BFH vom 12.10.2004, V R 54/03, BStBl II 2005, 106, S. 145 f.

1.6 Umsatzsteuergesetz

Aufgrund der allgemeinen Bedeutung und des besseren Verständnisses wird die Entscheidung hier in Teilen wieder wiedergegeben:

(...)

... 1. Nach § 4 Nr. 14 Satz 1 UStG 1973 sind „die Umsätze aus der Tätigkeit als Arzt, Zahnarzt, Heilpraktiker, Dentist, Krankengymnast, Hebamme oder aus einer ähnlichen heilberuflichen Tätigkeit im Sinne des § 18 Abs. 1 Nr. 1 des Einkommensteuergesetzes" (EStG) steuerfrei.

2. § 4 Nr. 14 UStG 1973 ist richtlinienkonform auszulegen (z. B. BFH-Urteile vom 19. Dezember 2002 V R 28/00, BFHE 201, 330, BStBl 2003 II S. 532; vom 1. April 2004 V R 54/98, BFH/NV 2004, 1198; vom 22. April 2004 V R 1/98, BFH/NV 2004, 1348, Nachfolgeentscheidung Kügler Rs. C-141/00). Nach Art. 13 Teil A Abs. 1 Buchst. c der Sechsten Richtlinie des Rates vom 17. Mai 1977 zur Harmonisierung der Rechtsvorschriften der Mitgliedstaaten über die Umsatzsteuern 77/388/EWG (Richtlinie 77/388/EWG) befreien die Mitgliedstaaten von der Steuer „die Heilbehandlungen im Bereich der Humanmedizin, die im Rahmen der Ausübung der von dem betreffenden Mitgliedstaat definierten ärztlichen und arztähnlichen Berufe erbracht werden". Der durch Art. 13 Teil A Abs. 1 Buchst. c der Richtlinie 77/388/EWG gezogene gemeinschaftsrechtliche Rahmen und die Auslegung der Tatbestandsmerkmale der bezeichneten Vorschrift durch den Gerichtshof der Europäischen Gemeinschaften (EuGH) sind deshalb bei der gebotenen richtlinienkonformen Auslegung von § 4 Nr. 14 UStG 1973 zu beachten.

Eine Heilbehandlung im Bereich der Humanmedizin i.S. des Art. 13 Teil A Abs. 1 Buchst. c der Richtlinie 77/388/EWG setzt voraus, dass

- *ärztliche oder <u>arztähnliche Leistungen vorliegen,</u>*
- *die von Personen erbracht werden, die die <u>erforderlichen beruflichen Befähigungsnachweise</u> besitzen (EuGH-Urteile vom 10. September 2002 Rs. C-141/00, Ambulanter Pflegedienst Kügler GmbH, Slg. 2002, I-6833, UR 2002, 513, Rdnr. 26 ff.; vergl. EuGH-Urteil vom 6. November 2003 Rs. C-45/01, Christoph-Dornier-Stiftung, Rdnr. 50, UR 2003, 585).*

Im Übrigen verbietet es der Grundsatz der steuerlichen Neutralität, dass Wirtschaftsteilnehmer, die gleichartige Umsätze bewirken, bei der Mehrwertsteuererhebung unterschiedlich (z. B. abhängig von der Rechtsform des Steuerpflichtigen) behandelt werden (EuGH-Urteil in UR 2003, 585, Rdnr. 44). Zweck der Befreiung ist es, die Kosten ärztlicher Heilbehandlung zu senken.

3. Heilbehandlungen i.S. des Art. 13 Teil A Abs. 1 Buchst. c der Richtlinie 77/388/EWG sind Tätigkeiten, die zum Zweck der Diagnose, der Behandlung und, soweit möglich, der Heilung von Krankheiten oder Gesundheitsstörungen bei Menschen vorgenommen werden (EuGH-Urteile in UR 2003, 585, Rdnr. 48; vom 20. November 2003 Rs. C-212/01, Margarete Unterpertinger, UR 2004, 70, Rdnr. 39 und Rs. C-307/01, Peter d'Ambrumenil, UR 2004, 75, Rdnr. 57). Diese Voraussetzungen lagen im Streitfall vor, denn die auf ärztliche Anordnung erbrachten heileurythmischen Behandlungen des Klägers dienten dem Zweck der Behandlung und, soweit möglich, der Heilung von Krankheiten oder Gesundheitsstörungen der Leistungsempfänger.

*4. Hinsichtlich der erforderlichen **beruflichen Befähigungsnachweise** lassen sich der Rechtsprechung des EuGH deswegen keine Anforderungen entnehmen, weil nach Art. 13 Teil A Abs. 1 Buchst. c der Richtlinie 77/388/EWG die Definition der ärztlichen oder arztähnlichen Berufe den Mitgliedstaaten obliegt.*

a) Von der beruflichen Befähigung ist grundsätzlich auszugehen, wenn der Unternehmer die Voraussetzungen einer berufsrechtlichen Regelung erfüllt. Das ist vorliegend nicht der Fall, weil der Beruf des Heileurythmisten keine berufsrechtliche Regelung erfahren hat. Der Nachweis der beruflichen Befähigung hängt allerdings nicht ausschließlich von einer berufsrechtlichen Regelung und deren Erfüllung ab, z. B. wenn berufsrechtliche Regelungen nur in einzelnen Bundesländern existieren (BFH-Urteile in BFH/NV 2004, 1348; in BFHE 201, 330, BStBl 2003 II S. 532; in BFHE 191, 441, UR 2000, 436; vergl. nunmehr auch BFH-Urteil vom 28. August 2003 IV R 69/00, BFHE 203, 429, BStBl 2004 II S. 954, § 18 Abs. 1 Nr. 1 EStG). Entsprechend dem Zweck der Regelung, die Sozialversicherungsträger von der Umsatzsteuer zu entlasten, kann grundsätzlich vom Vorliegen der Befähigungsnachweises ausgegangen werden, wenn die Leistungen des Unternehmers durch heilberufliche Tätigkeit in der Regel von den Sozialversicherungsträgern finanziert werden (BVerfG-Beschluss in BStBl 2000 II S. 155, UR 1999, 494, unter B. II. 2.).

Grundlage dafür ist in erster Linie eine Zulassung des jeweiligen Unternehmers oder die regelmäßige Zulassung seiner Berufsgruppe gemäß § 124 Abs. 2 des Fünften Buches Sozialgesetzbuch (SGB V) durch die zuständigen Stellen der gesetzlichen Sozialversicherung (BFH-Urteile in BFHE 191, 441, UR 2000, 436; in BFHE 201, 330, BStBl 2003 II S. 532; in BFH/NV 2004, 1348, unter II. 2. c; in BFH/NV 2004, 1198, unter II. 1. c; entspr. bereits Schreiben des Bundesministeriums der Finanzen —BMF— vom 28. Februar 2000, BStBl 2000 I S. 433).

§ 124 Abs. 2 SGB V regelt die Zulassung von Erbringern von „Heilmitteln als Dienstleistungen" seitens der gesetzlichen Krankenkassen, Versicherte zu deren Lasten behandeln zu dürfen.

Zuzulassen ist nach § 124 Abs. 2 SGB V, wer

1. die für die Leistungserbringung erforderliche Ausbildung sowie eine entsprechende zur Führung der Berufsbezeichnung berechtigende Erlaubnis besitzt,

2. eine berufspraktische Erfahrungszeit von mindestens zwei Jahren nachweist, die innerhalb von zehn Jahren vor Beantragung der Zulassung in unselbständiger Tätigkeit und in geeigneten Einrichtungen abgeleistet worden sein muss,

3. über eine Praxiseinrichtung verfügt, die eine zweckmäßige und wirtschaftliche Leistungserbringung gewährleistet, und

4. die für die Versorgung der Versicherten geltenden Vereinbarungen anerkennt.

Bei der in § 124 Abs. 2 Satz 1 Nr. 1 SGB V geforderten Erlaubnis zur Führung der Berufsbezeichnung muss es nicht notwendigerweise um eine staatliche Erlaubnis handeln, sofern eine solche nicht vorgesehen ist. Es kann deshalb ausreichen, wenn der Unternehmer über die Erlaubnis seiner beruflichen Organisation verfügt, die Kenntnisse bescheinigt, die den Anforderungen einer staatlichen Prüfung für die Ausübung der Heilhilfsberufe vergleichbar sind. Es genügt in diesen Fällen, wenn die Berufsbezeichnung beispielsweise durch Wettbewerbs- oder Namensrecht geschützt ist (vergl. BFH-Urteil in BFHE 203, 429, BStBl 2004 II S. 954). Mit der Anknüpfung an die Zulassung des Leistenden oder jedenfalls seiner Berufsgruppe nach § 124 Abs. 2 SGB V ist sowohl der Erfordernis des beruflichen Befähigungsnachweises als auch dem Umstand genügt, dass sich Heilberufe neu entwickeln, ohne dass sogleich eine einheitliche, alle Erbringer von Leistungen dieser Art gleichermaßen betreffende staatliche Berufsregelung geschaffen wird (vergl. BFH-Urteile in BFHE 201, 330, BStBl 2003 II S. 532; in BFHE 203, 429, BStBl 2004 II S. 954, zu § 18 EStG). Auch danach kommt die Annahme der erforderlichen beruflichen Befähigung nicht in Betracht, weil weder der Kläger noch seine Berufsgruppe nach § 124 Abs. 2 SGB V zugelassen ist.

b) Neben der Zulassung kann ferner Indiz für einen entsprechenden beruflichen Befähigungsnachweis sein, dass die betreffenden Leistungen in den durch die Heilmittel- und Hilfsmittelrichtlinien gemäß § 92 SGB V konkretisierten Leistungskatalog der gesetzlichen Krankenkassen aufgenommen worden sind. (...)

1.6.5.5 Die Meinung der Finanzverwaltung (BMF)

Das Bundesministerium der Finanzen hat sich in einem Schreiben im Jahr 2000 zu dieser Problematik geäußert.[31]

Hiernach fallen die Umsätze aus der Tätigkeit der dort ausdrücklich genannten Heil- und Hilfsberufe (Gesundheitsfachberufe) unter die Steuerbefreiungsvorschriften.

Die Finanzverwaltung bedient sich hinsichtlich der Definition des Begriffes des Heilberufs des Heilpraktikergesetzes (§ 1 u. § 5a Heilpraktikergesetz).

Danach ist ein Heilberuf durch die unmittelbare Arbeit am oder mit dem Patienten, also dem kranken Menschen, gekennzeichnet. Hiernach liegt eine Ausübung der Heilkunde vor, wenn es sich um die Tätigkeit zur Feststellung, Heilung oder Linderung von Krankheiten, Leiden oder sonstigen Körperschäden bei Menschen handelt.

Die Finanzverwaltung geht davon aus, dass der zu beurteilende Beruf einem im Gesetz genannten Katalogberuf vergleichbar ist, wenn die folgenden Voraussetzungen erfüllt sind:

Vergleichbarkeit der ausgeübten Tätigkeit, Vergleichbarkeit der Ausbildung, Vergleichbarkeit der berufsrechtlichen Regelungen der Ausbildungsprüfung, der staatlichen Anerkennung, sowie der staatlichen Erlaubnis und Überwachung der Berufsausbildung.

Allerdings hält es die Finanzverwaltung für ausreichend, wenn der jeweilige Unternehmer bzw. die Berufsgruppe gemäß § 124 (2) SGB V von den gesetzlichen Krankenkassen eine Zulassung erhalten haben.

Das Schreiben wird aufgrund der Bedeutung in Teilen wiedergegeben:

(...)

Die Umsätze aus der Tätigkeit der in § 4 Nr. 14 Satz 1 UStG nicht ausdrücklich genannten Heil- und Heilhilfsberufe (Gesundheitsfachberufe) können nur dann unter die Steuerbefreiung fallen, wenn es sich um eine einem Katalogberuf ähnliche heilberufliche Tätigkeit handelt.

---

[31] Vgl. BMF 28.02.2000, BStBl. I 2000, 433.

Ein Heilberuf wird durch die unmittelbare Arbeit am oder mit dem Patienten, also dem kranken Menschen, gekennzeichnet. Ausübung der Heilkunde liegt vor, wenn es sich um Tätigkeiten zur Feststellung, Heilung oder Linderung von Krankheiten, Leiden oder sonstigen Körperschäden beim Menschen handelt (s. a. § 1 Heilpraktikergesetz). Unter Bezugnahme auf das Ergebnis der Erörterungen mit den obersten Finanzbehörden der Länder gilt in Ergänzung der Regelungen in Abschn. 90 UStR 2000, unter Berücksichtigung der Beschlüsse des Bundesverfassungsgerichtes vom 29. Oktober 1999 – 2 BvR 1264/90 – (BStBl. 2000 II S. ...) und vom 10. November 1999 – 2 BvR 1820/92 – und – 2 BvR 2861/93 – (BStBl. 2000 II S. ... und S. ...) und im Lichte des Art. 13 Teil A Buchst. c) der 6. EG-Richtlinie Folgendes:

Ein Beruf ist nach Abschn. 90 Abs. 2 UStR 2000 einem der im Gesetz genannten Katalogberufe ähnlich, wenn das typische Bild des Katalogberufes mit seinen wesentlichen Merkmalen dem Gesamtbild des zu beurteilenden Berufes vergleichbar ist. Zu den wesentlichen Merkmalen gehören:

- *die Vergleichbarkeit der ausgeübten Tätigkeit,*
- *die Vergleichbarkeit der Ausbildung,*
- *die Vergleichbarkeit der berufsrechtlichen Regelung über Ausbildung, Prüfung, staatliche Anerkennung sowie der staatlichen Erlaubnis und Überwachung der Berufsausbildung.*

*Ausreichendes Indiz für das Vorliegen einer ähnlichen heilberuflichen Tätigkeit ist die Zulassung des jeweiligen Unternehmers bzw. **die regelmäßige Zulassung** seiner Berufsgruppe gem. § 124 Abs. 2 SGB V durch die zuständigen Stellen der gesetzlichen Krankenkassen. Auf die Rechtsform des Unternehmers kommt es für die Steuerbefreiung nach § 4 Nr. 14 UStG nicht an. ...*

(...)

Die „regelmäßige" Kassenzulassung der Berufsgruppe wird hiernach als ein Befähigungsnachweis angesehen. Damit weicht die Finanzverwaltung insoweit von der oben zitierten Rechtsprechung ab, als bereits die Kostenerstattung durch die Sozialversicherungsträger ausreicht. Eine Zulassung ist nicht erforderlich. In der Praxis kann daher auf die oben zitierte Entscheidung verwiesen werden, um diese Leistungen steuerfrei zu halten.

1.6.5.6 Aktuelle Rechtsentwicklung

Zur aktuellen Rechtsentwicklung: Vor dem Bundesfinanzhof (BFH) ist eine Revision anhängig. Das FG Baden-Württemberg hat es hinsichtlich der Steuerbefreiung als hinreichend angesehen, dass Leistungen Bestandteil der integrierten Versorgung sein können.[32]

---

[32] Vgl. BFH vom 20.10.2009, V R 30/09.

1.6.5.7 BMF Schreiben vom 19.6.2012

Die Finanzverwaltung hat hinsichtlich der Voraussetzungen der Steuerfreiheit von ähnlichen heilberuflichen Tätigkeiten im Rahmen des BMF-Schreibens (Steuerbefreiung nach § 4 Nr. 14 Buchst. a UStG) Stellung genommen. Dieses wird hier aufgrund der Bedeutung wiedergegeben:

(...)

Gemäß § 4 Nr. 14 Buchst. a UStG sind Heilbehandlungen im Bereich der Humanmedizin umsatzsteuerfrei, die im Rahmen der Ausübung der Tätigkeit als Arzt, Zahnarzt, Heilpraktiker, Physiotherapeut, Hebamme oder einer ähnlichen heilberuflichen Tätigkeit durchgeführt werden. Nach der Rechtsprechung des EuGH und BFH sind Heilbehandlungen Tätigkeiten, die zum Zweck der Vorbeugung, Diagnose, Behandlung und, soweit möglich, der Heilung von Krankheiten oder Gesundheitsstörungen bei Menschen vorgenommen werden. Heilberufliche Leistungen sind daher nur steuerfrei, wenn bei der Tätigkeit ein therapeutisches Ziel im Vordergrund steht. Eine bloße Maßnahme zur Steigerung des allgemeinen Wohlbefindens bzw. ein Wellnessprogramm ist keine Heilbehandlung im Sinne der Befreiungsnorm, selbst wenn sie von Angehörigen eines Heilberufs erbracht wird. Im Grenzbereich zwischen möglicher Heilbehandlung und Steigerung des allgemeinen Wohlbefindens greift § 4 Nr. 14 UStG bei Maßnahmen ein, die aufgrund ärztlicher Indikation nach ärztlicher Verordnung oder im Rahmen einer Vorsorge- oder Rehabilitationsmaßnahme erbracht werden (vgl. BFH-Urteile vom 7. Juli 2005, V R 23/04, BStBl II, S. 904, und vom 20. Januar 2008, XI R 53/06, BStBl II, S. 647).

Unter Bezugnahme auf das Ergebnis der Erörterungen mit den obersten Finanzbehörden der Länder werden die Abschnitte 4.14.1 und 4.14.4 des Umsatzsteuer-Anwendungserlasses (UStAE) vom 1. Oktober 2010 (BStBl I S. 846), der zuletzt durch das BMF-Schreiben vom 3. April 2012 – IV D 2 – S 7100/07/10027 (2011/0282652) –, BStBl I, S. 486, geändert worden ist, wie folgt geändert: Seite 2

1. Abschn. 4.14.1 wird wie folgt geändert:

a) In Absatz 4 werden die folgenden Sätze 5 bis 9 angefügt:

*[5]Nicht unter die Befreiung fallen Tätigkeiten, die nicht Teil eines konkreten, individuellen, der Diagnose, Behandlung, Vorbeugung und Heilung von Krankheiten oder Gesundheitsstörungen dienenden Leistungskonzeptes sind. [6]Neben **(Zahn-)Ärzten und Psychotherapeuten dürfen lediglich Heilpraktiker als Angehörige der Heilberufe eigenverantwortlich körperliche oder seelische Leiden behandeln.** [7]Das gilt auch für die auf das Gebiet der Physiotherapie beschränkten Heilpraktiker (vgl. BVerwG-Urteil vom 26. 8. 2009, 3 C 19.08, BVerwGE 134, S. 345). [8]Für Leistungen aus der Tätigkeit von Gesundheitsfachberufen kommt die Steuerbefreiung grundsätzlich nur in Betracht, wenn sie aufgrund **ärztlicher Verordnung bzw. einer Verordnung eines Heilpraktikers oder im Rahmen einer Vorsorge- oder Rehabilitationsmaßnahme durchgeführt werden** (vgl. BFH-Urteil vom 7. 7. 2005, V R 23/04, BStBl II, S. 904). [9]Behandlungen durch Angehörige von **Gesundheitsfachberufen** im Anschluss/Nachgang einer Verordnung eines Arztes oder Heilpraktikers sind **grundsätzlich nicht als steuerfreie** Heilbehandlung anzusehen, sofern für diese Anschlussbehandlungen keine neue Verordnung vorliegt.*

b) Nach Absatz 5 wird folgender neuer Absatz 5a eingefügt:

> Als ärztliche Verordnung gilt im Allgemeinen sowohl das Kassenrezept als auch das Privatrezept; bei Rezepten von Heilpraktikern handelt es sich durchweg um Privatrezepte. Eine Behandlungsempfehlung durch einen Arzt oder Heilpraktiker, z. B. bei Antritt des Aufenthalts in einem „Kur"-Hotel, gilt nicht als für die Umsatzsteuerbefreiung ausreichende Verordnung.

2. Abschn. 4.14.4 wird wie folgt geändert

a) Absatz 3 wird wie folgt gefasst:

> 1 Die Tätigkeit einer Hebamme bzw. eines Entbindungspflegers im Sinne des § 4 Nr. 14 Buchstabe a UStG umfasst die eigenverantwortliche Betreuung, Beratung und Pflege der Frau von Beginn der Schwangerschaft an, bei der Geburt, im Wochenbett und in der gesamten Stillzeit. 2 Eine ärztliche Verordnung ist für die Umsatzsteuerbefreiung dieser Tätigkeit nicht erforderlich. Seite 3

b) In Absatz 6 wird Satz 1 wie folgt gefasst:

> 1 Neben den Leistungen aus der Tätigkeit als (Zahn-)Arzt oder (Zahn-)Ärztin und aus den in § 4 Nr. 14 Buchstabe a Satz 1 UStG genannten nichtärztlichen Heil- und -Gesundheitsfachberufen können auch die Umsätze aus der Tätigkeit von nicht **ausdrücklich genannten Heil- und Gesundheitsfachberufen unter die Steuerbefreiung fallen.**

c) Nach Absatz 12 wird folgender neuer Absatz 12a eingefügt:

> (12a) 1 Medizinisch indizierte **osteopathische Leistungen** stellen Heilbehandlungen i. S. d. § 4 Nr. 14 Buchstabe a UStG dar, wenn sie von einem Arzt oder Heilpraktiker mit einer entsprechenden Zusatzausbildung erbracht werden. 2 Auch Physiotherapeuten oder Masseure bzw. medizinische Bademeister mit entsprechender Zusatzausbildung können umsatzsteuerfreie osteopathische Leistungen erbringen, sofern eine **ärztliche Verordnung bzw. eine Verordnung eines Heilpraktikers** vorliegt.

(...)

Die Finanzverwaltung vertritt hiernach die Meinung, dass die Behandlungen der nichtärztlichen Heil- und Gesundheitsfachberufen in der Regel nur dann als steuerfreie Leistungen zu würdigen sind, wenn sie aufgrund einer Verordnung durchgeführt werden. Diese dürfen hiernach nur von Ärzten und von Heilberuflern verordnet werden. Sie lässt allerdings – in Hinblick auf das zitierte Urteil des BFH vom 7.7.2005 – auch noch Vorsorge und Rehabilitationsmaßnahmen zu. Das zitierte Urteil wird richtig wiedergegeben. Es kann aber vermutet werden, dass die Finanzverwaltung in der Praxis auf die Verordnung durch den Arzt abstellen wird.

Dadurch, dass sie die Verordnung durch den Arzt in den Mittelpunkt des Schreibens stellt, macht sie deutlich, dass sie in Zukunft jede einzelne Behandlung würdigen wird. Sie geht von einem **„Grundsatz"** aus. Sie wird nicht mehr auf die Berufsgruppe alleine abstellen.

Da die Beweislast für das Vorliegen von Steuerbefreiungstatbeständen beim Steuerpflichtigen liegt, sind daher Einzelaufzeichnungen zu führen.

Der BFH geht bei seiner Entscheidung – neben einem qualifizierten Anbieter mit Befähigungsnachweis – von einem unmittelbaren Krankheitsbezug aus. Allerdings steht für ihn die ärztliche Verordnung nicht im Mittelpunkt. Im Mittelpunkt der Entscheidung steht vielmehr die Abgrenzung zu Behandlungen die „... lediglich den allgemeinen Gesundheitszustand verbessern ...". Die Alternativen ärztliche Verordnung bzw. Vorsorge- oder Rehabilitationsmaßnahme stehen gleichberechtigt nebeneinander. Beide sind in gleichem Maße steuerbegünstigt. Der BFH bezieht sich ausdrücklich auf die Entscheidung des EuGH „Kügler" und führt die vorbeugende Behandlung an. Ausgeschlossen, so der BFH, sind lediglich vorbeugende Behandlungen, die keinen individuellen Krankheitsbezug oder Gesundheitsstörungen haben. Es werden ausdrücklich nur die Leistungen ausgeschlossen, die keinen unmittelbaren Krankheitsbezug haben und „... den allgemeinen Gesundheitszustand verbessern ...". Vorsorge- oder Rehabilitationsmaßnahmen mit einem unmittelbaren Krankheitsbezug sind auch ohne Verordnung begünstigt. Das ist der „Grundsatz" des BFH.

Hier wird deutlich, dass es auf eine Überweisung nicht ankommt, wenn ein therapeutisches Ziel verfolgt wird und dieses aufgrund von Aufzeichnungen nachgewiesen werden kann.

Zum besseren Verständnis und damit der Leser sich eine Meinung bilden kann, wird das BFH-Urteil[33] hier wiedergegeben:

*1. Führt ein Dipl.-Oecotrophologe (Ernährungsberater) im Rahmen einer medizinischen Behandlung **(aufgrund ärztlicher Anordnung oder im Rahmen einer Vorsorge- oder Rehabilitationsmaßnahme)** Ernährungsberatungen durch, sind diese Leistungen nach § 4 Nr. 14 UStG steuerbefreit.*

*2. Leistungen zur Prävention und Selbsthilfe i.S. des § 20 SGB V, **die keinen unmittelbaren Krankheitsbezug haben, weil sie lediglich „den allgemeinen Gesundheitszustand verbessern und insbesondere einen Beitrag zur Verminderung sozial bedingter Ungleichheit von Gesundheitschancen erbringen"** sollen (§ 20 Abs. 1 Satz 2 SGB V), sind grundsätzlich keine nach § 4 Nr. 14 UStG befreiten Heilbehandlungen.*

(...)

---

[33] Vgl. BFH vom 7.7.2005, V R 23/04, BStBl II 2005, S. 904.

*Über eine allgemeine **Kassenzulassung** i.S. von § 124 Abs. 2 des Fünften Buches Sozialgesetzbuch (SGB V) verfügten in den Streitjahren weder die Klägerin noch die an ihr beteiligten Gesellschafterinnen. Nach Bestätigungsschreiben verschiedener Krankenkassen bestanden allerdings zwischen der Klägerin und den Kassen Vereinbarungen darüber, dass die Kosten für die Ernährungsberatungskurse und die Einzelberatungen ganz oder teilweise von den **Kassen übernommen** werden.*

In weiteren Schreiben der Krankenkassen wird der Klägerin zudem bescheinigt, dass die von ihr angebotenen Ernährungskurse den von den Spitzenverbänden der Krankenkassen erstellten Qualitätsrichtlinien und Zulassungsbedingungen, deren Erfüllung Voraussetzung für eine Kostenbeteiligung bzw. -übernahme der Krankenkassen ist, entsprechen. Nach einem von den Spitzenverbänden der Krankenkassen erstellten Kriterienkatalog wird die Ernährungsberatung als Krankheitsprävention i.S. des § 20 SGB V zur Verbesserung des allgemeinen Gesundheitszustandes — etwa zur Vermeidung von Mangel- und Fehlernährung bzw. zur Vermeidung und Reduktion von Übergewicht — oder als Rehabilitationsmaßnahme i.S. von § 43 SGB V unterstützt. Als Leistungsanbieter für die Beratung werden nach den aufgestellten Qualitätskriterien der Spitzenverbände neben Ernährungsmedizinern, Diätassistenten, Dipl.-Ingenieuren der Ernährungs- und Hygienetechnik auch Dipl.-Oecotrophologen bzw. Dipl.-Ernährungswissenschaftler jeweils mit der Zusatzqualifikation für Ernährungsberatung anerkannt. (...)

*Das FG führte im Wesentlichen aus, um eine heilberufliche Tätigkeit i.S. des § 4 Nr. 14 Satz 1 des Umsatzsteuergesetzes 1993 (UStG) **handele es sich auch bei Tätigkeiten zur <u>vorbeugenden</u> Gesundheitspflege, die im Ergebnis der <u>Vorbeugung von Krankheiten</u> dienten**.*

Diese heilberuflichen Tätigkeiten habe die Klägerin durch Personen erbracht, welche die für die Durchführung qualifizierter Ernährungsberatungen erforderlichen beruflichen Befähigungsnachweise besäßen. Ausreichend sei insoweit, dass die für die Klägerin tätigen Personen die von den Spitzenverbänden der Krankenkassen selbst aufgestellten Kriterien für die Zulassung von Leistungsanbietern im Bereich der Rehabilitation und der Prävention i.S. von §§ 20, 43 SGB V erfüllten. (...)

II.

Die Revision ist begründet; sie führt zur Aufhebung der Vorentscheidung und zur Zurückverweisung der Sache an das FG (§ 126 Abs. 3 Nr. 2 der Finanzgerichtsordnung — FGO —).

*Entgegen der Auffassung des FG sind Leistungen, **die nicht aufgrund ärztlicher Anordnung oder im Rahmen einer Vorsorge- oder Rehabilitationsbehandlung durchgeführt werden, nicht nach § 4 Nr. 14 UStG steuerfrei.***

1. Nach § 4 Nr. 14 Satz 1 UStG sind „die Umsätze aus der Tätigkeit als Arzt, Zahnarzt, Heilpraktiker, Krankengymnast, Hebamme oder aus einer ähnlichen heilberuflichen Tätigkeit i.S. des § 18 Abs. 1 Nr. 1 des Einkommensteuergesetzes" steuerfrei.

a) Zwar steht der Steuerbefreiung der Umsätze der Klägerin nicht entgegen, dass sie ihre Leistungen nicht selbst gegenüber den Patienten abgerechnet hat, sondern sie als Subunternehmer gegenüber Krankenkassen oder einem Rehabilitationszentrum ausgeführt hat. Denn die befreiten

Umsätze sind weder nach § 4 Nr. 14 UStG noch nach der gemeinschaftsrechtlichen Vorgabe des Art. 13 Teil A Abs. 1 Buchst. c der Sechsten Richtlinie des Rates vom 17. Mai 1977 zur Harmonisierung der Rechtsvorschriften der Mitgliedstaaten über die Umsatzsteuern – Gemeinsames Mehrwertsteuersystem: einheitliche steuerpflichtige Bemessungsgrundlage 77/388/EWG (Richtlinie 77/388/EWG) – durch die Person des Leistungsempfängers definiert; vielmehr beschränkt sich das personenbezogene Befreiungselement auf den Leistenden, der Träger eines ärztlichen bzw. arztähnlichen Berufs sein muss (vgl. Urteil des Bundesfinanzhofs — BFH — vom 25. November 2004 V R 44/02, BStBl 2005 II S. 190; BFH-Beschluss vom 12. Oktober 2004 V R 54/03, BStBl 2005 II S. 106).

b) Die Steuerbefreiung nach § 4 Abs. 14 UStG setzt aber bei richtlinienkonformer Auslegung voraus, dass der Unternehmer eine Heilbehandlung im Bereich der Humanmedizin durch ärztliche oder arztähnliche Leistungen erbringt und dass er dafür die erforderlichen Befähigungsnachweise besitzt (vgl. Urteile des Gerichtshofes der Europäischen Gemeinschaften — EuGH — vom 10. September 2002 Rs. C-141/00, Ambulanter Pflegedienst Kügler GmbH, Slg. 2002, I-6833, UR 2002, 513 Randnr. 26 ff.; vom 6. November 2003 Rs. C-45/01, Christoph-Dornier-Stiftung, UR 2003, 585 Randnr. 50; BFH-Urteile vom 19. Dezember 2002 V R 28/00, BFHE 201, 330, BStBl 2003 II S. 532; vom 1. April 2004 V R 54/98, BFHE 205, 505, BStBl 2004 II S. 681; in BStBl 2005 II S. 190). Davon ist das FG zutreffend ausgegangen. Zweck der Befreiung ist es, die Kosten ärztlicher Heilbehandlung zu senken.

c) Heilbehandlungen i.S. des Art. 13 Teil A Abs. 1 Buchst. c der Richtlinie 77/388/EWG sind Tätigkeiten, **die zum Zweck der Vorbeugung (EuGH-Urteil Kügler in UR 2002, 513 Randnr. 40), Diagnose, Behandlung und, soweit möglich, der Heilung von Krankheiten oder Gesundheitsstörungen bei Menschen vorgenommen werden.** *Die befreiten Leistungen müssen der medizinischen Behandlung einer Krankheit oder einer anderen Gesundheitsstörung dienen (EuGH-Urteile in UR 2003, 585 Randnr. 48; vom 20. November 2003 Rs. C-212/01, Margarete Unterpertinger, UR 2004, 70; vom 20. November 2003 Rs. C-307/01, Peter d'Ambrumenil, UR 2004, 75; BFH-Urteil vom 15. Juli 2004 V R 27/03, BFHE 206, 471, BStBl 2004 II S. 862).* **Nicht unter die Befreiung** *fallen danach Tätigkeiten, die* **nicht Teil eines konkreten, individuellen,** *der Diagnose, Behandlung, Vorbeugung und Heilung von Krankheiten oder Gesundheitsstörungen dienenden Leistungskonzeptes sind.*

Hiervon ausgehend hat der erkennende Senat bereits entschieden, dass nach § 4 Nr. 14 UStG steuerfreie Leistungen in Betracht kommen, wenn eine Vorsorge- oder Rehabilitationseinrichtung aufgrund eines Versorgungsvertrages gemäß §§ 11 Abs. 2, 23 Abs. 4, 40, 111 SGB V mit Hilfe von Fachkräften Leistungen zur medizinischen Vorsorge- oder Rehabilitation erbringt. In diesem Fall sind regelmäßig sowohl die Leistungen der Einrichtung als auch die Leistungen der hierzu nach Maßgabe des Versorgungs- oder Rehabilitationsvertrages qualifizierten Fachkräfte an diese Einrichtung steuerfrei (BFH-Urteil in BStBl 2005 II S. 190). Leistungen zur Prävention und Selbsthilfe i.S. des § 20 SGB V, **die keinen unmittelbaren Krankheitsbezug haben, weil sie lediglich "den allgemeinen Gesundheitszustand verbessern und insbesondere einen Beitrag zur Verminderung sozial bedingter Ungleichheit von Gesundheitschancen erbringen"** *sollen (§ 20 Abs. 1 Satz 2 SGB V), sind dagegen grundsätzlich keine nach § 4 Nr. 14 UStG befreiten Heilbehandlungen.*

Mit diesen Grundsätzen ist die Auffassung des FG, auch Tätigkeiten zur vorbeugenden Gesundheitspflege, die im Ergebnis zur Vorbeugung von Krankheiten dienten, nicht vereinbar. Das Urteil des FG war daher aufzuheben.

2. In welchem Umfang die Klägerin Heilbehandlungen erbracht hat, kann aufgrund der Feststellungen des FG nicht abschließend entschieden werden.

a) **Die Ernährungsberatung (Diättherapie) erfüllt die Voraussetzungen einer Heilbehandlung und dient nicht nur der Befriedigung alltäglicher Lebensbedürfnisse insoweit, als der Bereich der Krankenbehandlung betroffen ist** *(vgl. Bundessozialgericht, Urteil vom 28. Juni 2000 B 6 KA 26/99 R, BSGE 86, 223). Die Steuerbefreiung kommt deshalb grundsätzlich nur für Ernährungsberatungen in Betracht, welche die Klägerin aufgrund ärztlicher Anordnung* <u>**oder**</u> **im Rahmen einer Vorsorge- oder Rehabilitationsmaßnahme** *durchgeführt hat. (…)*

Gemeinschaftliche Berufsausübung 2

2.1 Grundsätzliches

Das Vertragsarztrechtsänderungsgesetz 2007 und das Gesetz zur Modernisierung der gesetzlichen Krankenversicherung führten zu einer Liberalisierung des ärztlichen Berufsbildes. Vor den gesetzlichen Änderungen waren der klassische Arzt in einer Einzelpraxis und das Krankenhaus der Regelfall. Nicht zulässig waren die ärztliche Tätigkeit im Rahmen einer Kapitalgesellschaft, die Beteiligung von berufsfremden in der Gemeinschaftspraxis, anderen gesellschaftsrechtlichen Organisationsformen oder überörtliche Praxen bzw. Praxisnetzen.

Die berufliche Betätigung von Ärzten kann im Rahmen von Berufs- und Vertragsarztrecht unterschiedlich organisiert werden. Häufige Rechtsformen sind die Partnerschaftsgesellschaft (PartGG) und die Gesellschaft bürgerlichen Rechts (GbR). Beide Rechtsformen können abgebildet werden als Praxis- oder Organisationsgemeinschaft.

Die Partnerschaftsgesellschaft unterscheidet sich insbesondere von der Gesellschaft bürgerlichen Rechts dadurch, dass sie auch berufsfremde Freiberufler zulässt. Da dieses aber nicht Voraussetzung einer Partnerschaftsgesellschaft ist, schließen sich auch Ärzte zu reinen Ärzte-Partnerschaftsgesellschaften zusammen. Es ist zu beobachten, dass die Partnerschaftsgesellschaften von den Ärzten allein aus dem Grunde bevorzugt werden, weil durch die Wahl dieser Rechtsform eine teilweise Haftungsfreistellung erreicht werden kann (§ 8 (2) PartGG).

Waren nur einzelne Partner (Ärzte) mit der Behandlung befasst, so haften nur sie gesamtschuldnerisch neben der Partnerschaft (§ 8 (2) PartGG). Durch vertragliche Gestaltungen kann erreicht werden, dass der einzelne Mediziner im Rahmen seiner Betätigung zunächst nur für seine eigenen „Kunstfehler" haftet.

Die Gründung einer offenen Handelsgesellschaft (OHG), einer Kommanditgesellschaft (KG) oder einer GmbH & Co. KG ist den Heilberufen verwehrt.

Grund hierfür ist das fehlende Handelsgewerbe. Die freiberufliche Tätigkeit schließt die gewerbliche Tätigkeit aus. Dieses ergibt sich aus § 1 (2) der Bundesärzteverordnung, die den Beruf als freien Beruf definiert.

2.2 Praxisgemeinschaft/Organisationsgemeinschaft

Die Praxisgemeinschaft zielt auf eine gemeinsame Nutzung von Ressourcen ab. In der Regel handelt es sich hierbei um die Praxisräume, Personalkosten und das Sachanlagevermögen.

Die zu einer gemeinschaftlichen Praxis beziehungsweise Organisationsgemeinschaft zusammengeschlossenen Heilberufler legen Ressourcen zusammen bzw. schaffen diese gemeinschaftlich an. Zweck ist es, diese gemeinschaftlich zu nutzen und die Kosten in einem vertraglich vereinbarten Verhältnis aufzuteilen. Die Kostenaufteilung erfolgt in der Regel nach verschiedenen Schlüsseln wie z. B. der Inanspruchnahme von medizinischem Sachanlagevermögen, bei Nutzung von Räumlichkeiten nach den Quadratmetern und hinsichtlich der Personalkosten nach einem Schlüssel der Inanspruchnahme des Personals.

Ertragsteuerlich erfolgt eine einheitliche und gesonderte Feststellung der Betriebsausgaben auf Ebene der Praxisgemeinschaft (Organisationsgemeinschaft) gemäß § 180 (2) S. 1 AO.[1] Die so festgestellten negativen Einkünfte werden im Rahmen der Veranlagung im Rahmen der Einkünfte aus selbstständiger Tätigkeit (§ 18 EStG) erfasst und im Rahmen der Ermittlung der Summe der Einkünfte (§ 2 (3) EStG) mit den Einkünften aus selbstständiger Tätigkeit (§ 18 EStG) verrechnet.

Ein Risiko stellt die Vermietung an bzw. die Nutzung der Ressourcen durch Dritte dar, die nicht der Praxis- oder Organisationsgemeinschaft angehören. Die hieraus resultierenden Einkünfte sind als gewerbliche Einkünfte (§ 15 EStG) zu qualifizieren, weil sie nicht im Rahmen der ärztlichen Tätigkeit erzielt werden. Bei dieser Tätigkeit handelt es sich um einfache Vermietungsdienstleistungen und es fehlt an den für eine freiberufliche Tätigkeit erforderlichen Voraussetzungen (vgl. 1.1 f.).

Folge dieser gewerblichen Einkünfte ist die gewerbliche Infektion (§ 15 (3) Nr. 1 EStG) aller Einkünfte auf der Ebene der Praxis oder Organisationsgemeinschaft.[2]

---

[1] Vgl. zur Problematik der gesonderten Feststellung: Brandis Kommentierung zu §§ 179 ff.
[2] Vgl. zur Problematik der Infektion 1.5.

2.3 Gemeinschaftspraxis, Berufsausübungsgemeinschaft

Die Gemeinschaftspraxis beziehungsweise Berufsausübungsgemeinschaft kann als Gesellschaft bürgerlichen Rechts (GbR) oder als Partnerschaftsgesellschaft (PartG) organisiert sein. Zweck beider Organisationsformen ist die gemeinsame Berufsausübung.

Voraussetzung der Organisationsform der Gesellschaft bürgerlichen Rechts ist, dass alle Beteiligte Ärzte sind. Für eine interprofessionelle Zusammenarbeit steht lediglich die Partnerschaftsgesellschaft zur Verfügung. In beiden Fällen liegen Einkünfte aus selbstständiger Arbeit vor (§ 18 EStG). Die Gewinnermittlung erfolgt im Rahmen einer Einnahmenüberschussrechnung (§ 4 (3) EStG) oder einer freiwilligen Bilanzierung (§ 4 (1) EStG).

Die Aufnahme eines Gewerbetreibenden führt zur Infektion aller Einkünfte und damit ausschließlich zu Einkünften aus gewerblicher Tätigkeit (§ 15 (3) Nr. 1 EStG).[3]

Der Gewinn wird einheitlich und gesondert festgestellt (§ 179 ff. AO). Anschließend zerfällt der Gewinn auf die beteiligten Gesellschafter und wird im Rahmen der jeweiligen Einkommensteuererklärungen veranlagt.

2.4 Die Ärzte-Kapitalgesellschaft (GmbH)

Eine Kapitalgesellschaft erzielt Einkünfte aus Gewerbebetrieb kraft Rechtsform (§ 13 (3) GmbHG). Dieses gilt auch für ärztliche bzw. heilberufliche Tätigkeiten im Rahmen einer Kapitalgesellschaft. Die Besteuerung richtet sich für Kapitalgesellschaften nach dem Körperschaftsteuergesetz mit Verweis auf das Einkommensteuergesetz (§ 8 (1) KStG). Die Gewerbesteuersteuerpflicht besteht gem. § 2 (1) GewStG.

Die Gesellschafter erzielen, so weit sie Gesellschaftergeschäftsführer sind, Einkünfte aus nichtselbstständiger Arbeit (§ 19 EStG). Ausschüttungen der Kapitalgesellschaft zu Gunsten der Gesellschafter führen zu Einkünften aus Kapitalvermögen (§ 20 EStG). Die Beteiligung einer Kapitalgesellschaft an einer Gesellschaft bürgerlichen Rechts (GbR) führt zur Infektion der freiberuflichen Einkünfte auf der Ebene der Gesellschaft bürgerlichen Rechts (GbR) mit der Folge, dass alle Einkünfte der Gesellschaft bürgerlichen Rechts als gewerbliche Einkünfte zu qualifizieren sind (§ 15 (3) Nr. 1 EStG).

---

[3] Vgl. zur Problematik der Infektion 1.5.

Medizinisches Versorgungszentrum (MVZ) 3

3.1 Grundsätzliches

Mit Inkrafttreten des Gesetzes zur Modernisierung der gesetzlichen Krankenversicherung zum 1.1.2004 wurde vom Gesetzgeber die Möglichkeit geschaffen, medizinische Versorgungszentren (MVZ) zu gründen.

Medizinische Versorgungszentren stellen eine Organisationsform fachübergreifender Kooperationen auf dem Gebiet der ambulanten Versorgung dar.

Gemäß § 95 (1) S. 2 SGB V sind medizinische Versorgungszentren fachübergreifende, ärztlich geleitete Einrichtungen, in denen Ärzte, die in das Arztregister eingetragen sind, als Angestellte oder Vertragsärzte tätig sind.

Eine spezielle Rechtsform ist nicht vorgeschrieben. Sie können von den Leistungserbringern, die aufgrund einer Zulassung oder eines Vertrages an der medizinischen Versorgung teilnehmen, gegründet werden. Da zukünftig gem. § 95 (1a) SGB V nur noch Personengesellschaften, Genossenschaften und Gesellschaften mit beschränkter Haftung (GmbH) zulässig sind, beschränken sich die Ausführungen hier auf die Personengesellschaften und die GmbH.

Zum besseren Verständnis wird die Vorschrift zitiert:

(...)

(1a) Medizinische Versorgungszentren können von zugelassenen Ärzten, von zugelassenen Krankenhäusern, von Erbringern nichtärztlicher Dialyseleistungen nach § 126 Absatz 3 oder von gemeinnützigen Trägern, die aufgrund von Zulassung oder Ermächtigung an der vertragsärztlichen Versorgung teilnehmen, gegründet werden; die Gründung ist nur in der Rechtsform einer Personengesellschaft, einer eingetragenen Genossenschaft oder einer Gesellschaft mit beschränkter Haftung möglich. Die Zulassung von medizinischen Versorgungszentren, die am 1. Januar 2012 bereits zugelassen sind, gilt unabhängig von der Trägerschaft und der Rechtsform des medizinischen Versorgungszentrums unverändert fort. (...)

3.2 Medizinisches Versorgungszentrum (MVZ) im (gemeinnützigen) Krankenhaus

Medizinische Versorgungszentren sind als ein Teilbetrieb (organisatorische Zusammenfassung von Betriebsmitteln) eines Krankenhauses organisierbar. Die Gründung des medizinischen Versorgungszentrums als Teilbetrieb des Krankenhauses erfolgt durch eine organisatorische Zusammenfassung von Betriebsgrundlagen. Die Leistungen müssen auf Basis der Betriebsgrundlagen des Teilbetriebs erbracht werden. Es müssen die Vorgaben des SGB V erfüllt werden, insbesondere ist eine gesonderte Abrechnung zu erstellen.

Der Betrieb ist ein Zweckbetrieb der gemeinnützigen GmbH (§ 67 AO)[1], vorausgesetzt, dass mindestens 40 % der jährlichen Belegungstage oder Berechnungstage Patienten zuzuordnen sind, bei denen nur Entgelte für allgemeine Krankenhausleistungen (§ 7 Krankenhausentgeltgesetz, § 10 Bundespflegesatzverordnung) berechnet werden. Darin ist das Risiko dieses Modells zu sehen. Durch die ambulanten Leistungen des medizinischen Versorgungszentrums besteht das Risiko, dass die 40 %-Grenze des § 67 AO überschritten wird. Aus diesem Grund kann es zur Aberkennung der Gemeinnützigkeit kommen. Im Rahmen der steuerlichen Beratung müssen daher Vorkehrungen getroffen werden, um dieses Risiko zu begrenzen bzw. auszuschließen.

Das medizinische Versorgungszentrum als organisatorischer Teilbetrieb des Krankenhauses folgt der gleichen steuerlichen Einordnung wie das Krankenhaus selbst.

Körperschaftsteuer fällt gem. § 5 (1) Nr. 9 KStG nicht an, da unmittelbar gemeinnützige Zwecke verfolgt werden. Gleiches gilt für die Gewerbesteuer (§ 3 Nr. 6 GewStG).

3.3 Gründung eines gemeinnützigen medizinischen Versorgungszentrums (MVZ) in der Rechtsform einer eigenständigen GmbH

Das gemeinnützige Krankenhaus kann eine gemeinnützige GmbH gründen, mit dem Zweck ein medizinisches Versorgungszentrum zu betreiben. Problematisch und äußerst risikoreich hieran ist, dass die Rechtsprechung des Bundesfinanz-

---

[1] Vgl. zur Problematik: Tipke, Kommentierung zu § 67.

hofes den Zweckbetrieb im Rahmen einer gemeinnütziger Körperschaften nur unter sehr engen Voraussetzungen zulässt.

Der Bundesfinanzhof (BFH) lehnt einen Zweckbetrieb in dem Fall ab, in dem die Tätigkeit geeignet ist, Gewinne zu erzielen. Maßgeblich für die Frage, ob die Sorge für Not leidende und oder gefährdete Menschen gemeinnützig ausgeübt wird, ist nach Auffassung des BFH (sog. „Rettungsdienstentscheidung") lediglich, ob die Bedingungen geeignet sind, Gewinne zu erwirtschaften. Ist dieses möglich, lehnt der BFH die Unterhaltung eines Zweckbetriebes ab.[2] Im Ergebnis ist nach dieser Auslegung die Gründung aber möglich.

Ein zweites Risiko ergibt sich aus § 66 AO.

Die Vorschrift geht davon aus, dass die Betätigung der Wohlfahrtpflege dient. Wohlfahrtspflege ist gem. § 66 AO die planmäßige zum Wohle der Allgemeinheit und nicht des Erwerbs wegen ausgeübte Sorge für Not leidende oder gefährdete Mitmenschen. Zwei Drittel der Leistungen müssen dem benannten Personenkreis des § 53 AO zugutekommen.[3]

Hier kommt die Hilfsbedürftigkeit in Betracht. Das Risiko besteht im Begriff der Hilfsbedürftigkeit. Ein medizinisches Versorgungszentrum kann auf Basis dieser Vorschrift nur begründet werden, wenn die ambulanten Behandlungen Krankheiten betreffen, die unter dem Begriff der Hilfsbedürftigkeit (Hilfsbedürftigkeit aufgrund des körperlichen, geistigen oder seelischen Zustands) zu subsumieren sind. Ob hierfür jede Erkrankung ausreicht, lässt sich nicht eindeutig sagen. Insbesondere kann dieses nicht durch die Rechtsprechung nachgewiesen werden.

Entscheidet man sich trotz der Risiken für eine solche Gestaltung und gelingt diese, so besteht Aufgrund der Gemeinnützigkeit weder eine Körperschaft- noch Gewerbesteuerpflicht.

3.4 Gründung einer nicht gemeinnützigen GmbH zum Betrieb eines medizinischen Versorgungszentrums (MVZ)

Einleitung

Die Gründung einer nicht gemeinnützigen GmbH zum Betrieb eines medizinischen Versorgungszentrums beinhaltet Risiken. Diese resultieren aus dem Gebot

---

[2] Vgl. BFH vom 18.09.2007, I R 30/06, BStBl. II 2009, 126.
[3] Vgl. Tipke Kommentierung zu § 66.

der Selbstlosigkeit (§ 55 AO), dem Gebot einer zeitnahen Mittelverwendung (§ 55 (1) Nr. 5 AO) und der gemeinnützigen Mittelbindung (§ 55 (1) Nr. 1 AO).

3.4.1 Gemeinnützige und zeitnahe Mittelbindung (§ 55 (1) Nr. 1, 5 AO)

Es würde einen Verstoß gegen § 55 (1) Nr. 1 AO darstellen,[4] wenn die Gründung oder der Betrieb auf der Basis zeitnah zu verwendender Mittel erfolgen würde. Dieses lässt sich gestalterisch umgehen, indem eine Finanzierung durch Fremdkapitalaufnahme erfolgt.

Die Fremdkapitalaufnahme kann nur auf der Basis von Sicherheiten erfolgen. Diese Sicherheiten könnten vom gemeinnützigen Krankenhaus gestellt werden. Als Sicherheit könnte z. B. eine Bürgschaft dienen.

Diese mögliche Bürgschaft und eine weitere Bürgschaft, die im Folgenden erörtert wird, sind höchst problematisch.

Gemäß § 95 (2) S. 6 SGB V müssen alle Gesellschafter eine selbstschuldnerische Bürgschaft hinsichtlich aller Forderungen von Krankenkassen und kassenärztlichen Vereinigungen gegen das medizinische Versorgungsrechtzentrum abgeben für den Fall, dass das medizinische Versorgungszentrum in der Rechtsform einer Kapitalgesellschaft gegründet wird.

Im Falle einer Inanspruchnahme aufgrund dieser Bürgschaften besteht die Gefahr einer Mittelverwendung für nicht gemeinnützige oder nicht satzungsgemäße Zwecke.

Der Zeitpunkt der Abgabe der Erklärung scheint unproblematisch, da zu dem Zeitpunkt keine Mittelverwendung vorliegt. Spätestens aber zum Zeitpunkt einer Inanspruchnahme und eines Abflusses der Mittel liegt ein Verstoß gegen § 55 (1) Nr. 1 AO vor (Mittelverwendung für nicht satzungsgemäße Zwecke). Gestalterisch kann man dem Fall nur begegnen, indem einer Inanspruchnahme der Bürgschaft vorgebeugt wird.

3.4.2 Steuerpflicht

Eine nicht gemeinnützige GmbH mit dem Zweck ein medizinisches Versorgungszentrum zu betreiben unterliegt der Körperschaftsteuer (§ 1 (1) Nr. 1 KStG)

---

[4] Vgl. zur generellen Auslegung: Tipke, Kommentierung zu § 55.

und der Gewerbesteuer (§ 2 (2) GewStG). Befreiungsvorschriften sind nicht einschlägig.

3.4.3 Betriebsaufspaltung – wirtschaftlicher Geschäftsbetrieb

Steuerrechtlich interessant ist die Ausschüttung der GmbH an die gemeinnützige Mutter. Grundsätzlich ist das Halten der Gesellschaftsanteile der Vermögensverwaltung zuzuordnen. Hieraus kann eine Betriebsaufspaltung resultieren.[5] Dieses ist der Fall, wenn wesentliche Betriebsgrundlagen überlassen werden und über die Gesellschaftsanteile ein beherrschender Einfluss ausgeübt wird. Ein beherrschender Einfluss wird regelmäßig der Fall sein. In der Regel hält das gemeinnützige Krankenhaus alle Gesellschaftsanteile, mindestens aber die Mehrheit der Anteile.

Auf Fallkonstellationen, in denen der beherrschende Gesellschafter Einfluss auf andere Art und Weise ausübt, wird hier nicht eingegangen.

Auch die Überlassung von wesentlichen Betriebsgrundlagen wird in der Regel vorliegen. Infrage kommen Gebäude, wichtige Geräte, Kraftfahrzeuge, wie auch immaterielle Vermögensgegenstände in Form von Rechten oder die Überlassung von hochqualifiziertem Personal.

Folge dessen ist, dass die Anteile als ein eigenständiger wirtschaftlicher Geschäftsbetrieb zu qualifizieren sind. Die Ausschüttungen der GmbH (Betreiber des medizinischen. Versorgungszentrums) sind gewerbliche Einkünfte im Rahmen des wirtschaftlichen Geschäftsbetriebs und unterliegen der Gewerbesteuer.

3.5 Medizinisches Versorgungszentrum (MVZ) in der Rechtsform einer Personengesellschaft

Einleitung

Ein medizinische Versorgungszentrum in der Rechtsform einer Personengesellschaft kann als Gesellschaft bürgerlichen Rechts (GbR) oder als Partnerschaftsgesellschaft (PartG) gegründet werden.[6] Für die folgende Betrachtung ist der Unterschied unerheblich.

---

[5] Vgl. Zur allgemeinen Problematik der Betriebsaufspaltung: R. 15.7.
[6] Vgl. zur Problematik der KG und OHG: 2.1.

3.5.1 Angestelltenvariante

Überträgt der Vertragsarzt seine Zulassung im Wege der Gründung auf das medizinische Versorgungszentrum (MVZ) und wird damit zukünftig als angestellter Arzt tätig, handelt es sich um die so genannte Angestelltenvariante.

Ertragssteuerlich gibt es nun im Wesentlichen zwei interessante Aspekte, die zu betrachten sind. Dieses ist zum einen die Gründungsphase und zum anderen die laufende Besteuerung nach der Gründung.

3.5.1.1 Gründungsphase

Im Rahmen der Gründung ist zu prüfen, inwieweit die Aufdeckung stiller Reserven vermieden werden kann. Gemäß § 24 (2) UwStG besteht grundsätzlich die Möglichkeit, die Aufdeckung der stillen Reserven zu vermeiden. Damit wäre eine Übertragung zu Buchwerten möglich. Voraussetzung ist, dass ein Betrieb oder Teilbetrieb oder ein Mitunternehmeranteil eingebracht wird, und der Einbringende Mitunternehmer (Gesellschafter) der Gesellschaft wird.[7]

Die Finanzverwaltung (OFD Münster) vertritt hierzu die Auffassung, dass es sich bei der Zulassung des Arztes um eine wesentliche immaterielle Betriebsgrundlage handelt.[8] Hiernach ist die Übertragung der Zulassung Voraussetzung, um § 24 UwStG anwenden zu können.

Hinsichtlich der Problematik des Begriffes Betrieb bzw. Teilbetrieb etc. existieren keine steuerrechtlichen Besonderheiten zu anderen Umwandlungsfällen. Die spezielle Problematik ist die zukünftige Gesellschafterstellung des die Zulassung übertragenden Vertragsarztes.

Das steuerrechtliche Risiko liegt darin, dass ein Vertragsarzt, nach Übertragung seiner Zulassung, die Stellung eines Gesellschafters bzw. Mitunternehmers einnehmen kann.

Kommt man zu dem Ergebnis, dass nach Übertragung der Zulassung auf das medizinische Versorgungszentrum eine Gesellschafterstellung ausscheidet, so scheidet konsequenterweise auch die Anwendung des § 24 UwStG aus. Folge dessen ist die Aufdeckung und Versteuerung aller stillen Reserven.

Die Möglichkeit einer Gesellschafterstellung nach Übertragung der Zulassung auf das medizinische Versorgungszentrum kann in Abrede gestellt werden. Dieses im Hinblick auf den Wortlaut von § 95 (1) SGB V, insbesondere weil dort ausdrücklich von Vertragsärzten die Rede ist.

---

[7] Vgl. Windmann, Kommentierung zu § 24.
[8] Vgl. OFD Münster vom 11.2.2009, S. 2172—152-St 12-33, DStR 2009, S. 798.
Vgl. auch 3.5.2.1.

Diese Problematik kann hier – aufgrund des begrenzten Umfanges des Buches – nicht abschließend geklärt werden. Es lässt sich daher an dieser Stelle festhalten, dass es ein Gestaltungsrisiko darstellt.

3.5.1.2 Laufende Besteuerung

Die laufende Besteuerung hängt ebenso von der Beurteilung dieser Rechtsposition ab. Als Gesellschafter (Mitunternehmer) erzielt der Arzt Einkünfte aus selbständiger Arbeit (§ 18 EStG). Kommt man zu dem Ergebnis, dass der Mediziner kein Gesellschafter wird, scheiden Einkünfte aus selbstständiger Tätigkeit aus. Er erzielt dann Einkünfte aus nichtselbstständiger Tätigkeit (§ 19 EStG).

3.5.2 Vertragsarztvariante

Die so genannte Vertragsarztvariante beinhaltet nicht weniger Risiken hinsichtlich der steuerrechtlichen Würdigung. Hierbei wird die Praxis nach § 24 UwStG eingebracht. Bei diesem Modell wird die Kassenzulassung nicht auf das medizinische Versorgungszentrum übertragen. Aus diesem Grund ist die Stellung des übertragenden Arztes als Gesellschafter unstreitig. § 24 UwStG ist unter den sonstigen Anwendungsvoraussetzungen, Übertragung der wesentlichen Betriebsgrundlagen gegen die Gewährung von Gesellschafterrechten usw., anwendbar. Hinsichtlich der Auslegung des § 24 UWStG ergeben sich keine steuerlichen Besonderheiten im Vergleich zu anderen Umwandlungsfällen.[9]

3.5.2.1 Kassenzulassung – § 24 UwStG – § 6 (3) EStG

Problematisch ist, ob die Kassenzulassung zu den wesentlichen immateriellen Betriebsgrundlagen gehört. Teilt man diese Auffassung, kommt man zu dem Ergebnis, dass § 24 UwStG nicht anwendbar ist, da nicht alle wesentlichen Betriebsgrundlagen übertragen werden. Hiernach sind alle stillen Reserven aufzudecken. Diese Meinung vertritt zurzeit die Finanzverwaltung.[10] Aufgrund der gleichen Argumentation scheidet auch die Anwendung des § 6 (3) EStG aus.

3.5.2.2 Lösungsvorschlag § 6 (5) Nr. 1 EStG

Die Übertragung gem. § 6 (5) Nr. 1 EStG eröffnet die Möglichkeit einzelne Wirtschaftsgüter zu übertragen. Die Möglichkeit die Wirtschaftsgüter zu Buchwerten

---

[9] Vgl. zu den Voraussetzungen: Widmann, Kommentierung zu § 24.
[10] Vgl. OFD Münster vom 11.2.2009, S. 2172—152-St 12-33, DStR 2009, S. 798.

zu übertragen ist unabhängig davon, ob alle wesentlichen Betriebsgrundlagen übertragen werden. Voraussetzung ist, dass ein Wirtschaftsgut von einem Betriebsvermögen (z. B. der Einzelpraxis) in das Betriebsvermögen der Mitunternehmerschaft (MVZ in der Rechtsform einer Personengesellschaft) gegen Gewährung von Gesellschaftsrechten übertragen wird. Nach dieser Vorschrift (§ 6 (5) Nr. 2 u. Nr. 3 EStG) sind darüber hinaus Gestaltungen möglich, um aus oder in ein Sonderbetriebsvermögen zu übertragen.

Die Notwendigkeit die Kassenzulassung – ob wesentliche Betriebsgrundlage oder nicht – zu übertragen liegt hier nicht vor.

So gesehen ist im Rahmen der praktischen Arbeit diese Variante im Hinblick auf das steuerliche Risiko vorzuziehen.

3.5.2.3 Laufende Besteuerung

Die laufende Besteuerung dieser Variante ist im Falle des Gelingens – unter Vorbehalt des oben Erläuterten – eindeutig. Der Arzt wird Mitgesellschafter (Mitunternehmer) und erzielt Einkünfte aus selbstständiger Tätigkeit (§ 18 (1) Nr. 1 EStG, § 15 (1) Nr. 2 EStG).

Wie bereits oben dargestellt gelten die gleichen Überlegungen in Hinblick auf eine Gesellschaft bürgerlichen Rechts und eine Partnerschaftsgesellschaft.

3.5.3 Gewerbliche Infektion

Beide Modelle – Vertragsarztvariante und Angestelltenvariante – vereint das Risiko einer gewerblichen Infektion (§ 15 (3) Nr. 2 EStG).[11] Ein Freiberufler und damit auch der Arzt muss leitend und eigenverantwortlich im Mittelpunkt der Praxis stehen. Die Leistung seiner Praxis muss seinen Stempel tragen (Stempeltheorie). Vor diesem Hintergrund ist die Zahl der angestellten Ärzte des medizinischen Versorgungszentrums begrenzt. Die Angestellten müssen von den Gesellschaftern fachlich geleitet werden.

Durch das Erfordernis der fachlichen Leitung ist nicht nur die Anzahl der angestellten Mediziner begrenzt, sondern auch die Spezialisierung der angestellten Mediziner. Es können nur Mediziner angestellt werden, die eine fachliche Nähe zu den Gesellschaftern aufweisen. Im Hinblick auf die Breite der angebotenen Dienstleistungen und der Entwicklung des medizinischen Versorgungszentrums nach der Gründung ist festzustellen, dass durch die fachliche Qualifikation der Gründungsgesellschafter ein wesentlicher Grundstein gelegt wird.

---

[11] Vgl. zur gewerblichen Infektion: Bode, Kommentierung zu § 15, Rd. Nr. 221 ff.

Ein fachlich bereit aufgestelltes medizinisches Versorgungszentrum ist nur auf der Basis fachlich breit aufgestellter Gesellschafter möglich.

3.5.4 Umsatzsteuerproblematik im medizinischen Versorgungszentrum (MVZ)

Das medizinische Versorgungszentrum ist Vertragspartner aller Behandlungsverträge. Somit ist hinsichtlich der Leistung des medizinischen Versorgungszentrum § 4 Nr. 14 a UStG einschlägig. Diesbezüglich ergeben sich keine steuerrechtlich spezifischen Problematiken, die sich von den Fragestellungen unterscheiden, die sich ergeben, wenn ein Einzelmediziner seine Leistungen erbringt.

Problematisch ist der Leistungsaustausch zwischen den Ärzten als Leistungserbringern und dem medizinischen Versorgungszentrum als Leistungsempfänger.

Hier fehlt das Arzt-Patienten-Verhältnis. Der § 4 Nr. 14 a UStG ist nach dem Wortlaut nicht anwendbar. Die Finanzverwaltung legt die Vorschrift über den Wortlaut hinaus so aus, dass auch die Leistungen der Ärzte gegenüber dem medizinischen Versorgungszentrum als steuerfrei zu würdigen sind.[12]

... Medizinische Versorgungszentren sind rechtsformunabhängige fachlich übergreifende ärztlich geleitete Einrichtungen, in denen Ärzte – mit verschiedenen Facharzt- oder Schwerpunktbezeichnungen – als Angestellte oder Vertragsärzte tätig sind (§ 95 Abs. 1 SGB V). Medizinische Versorgungszentren, die an der vertragsärztlichen Versorgung nach § 95 SGB V teilnehmen, erbringen steuerfreie Leistungen nach § 4 Nr. 14 Buchst. b Satz 2 Doppelbuchst. bb UStG. Die an einem medizinischen Versorgungszentrum als selbständige Unternehmer tätigen Ärzte erbringen dagegen steuerfreie Leistungen im Sinne des § 4 Nr. 14 Buchst. a Satz 1 UStG, wenn sie ihre Leistungen gegenüber dem medizinischen Versorgungszentrum erbringen ....

3.6 Gründung einer privat-rechtlichen GmbH zum Zweck des Betriebes eines medizinischen Versorgungszentrums (MVZ)

Einleitung

Auch im Rahmen dieses Modells gibt es wieder die beiden Gestaltungsmodelle als Angestelltenvariante bzw. als Vertragsarztvariante.

---

[12] Vgl. BMF vom 26.6.2009, BStBl. I 2009, S. 756.

3.6.1 Einleitung

Wird im Zuge der Vertragsarztvariante die Zulassung nicht auf das medizinische Versorgungszentrum übertragen, ergibt sich die bereits oben erwähnte Problematik, inwieweit alle wesentlichen Betriebsgrundlagen eingebracht wurden.[13] Eine Aufdeckung der stillen Reserven kann grundsätzlich bei Einbringung aller wesentlichen Betriebsgrundlagen gegen Gewährung von Gesellschaftsrechten vermieden werden. Kommt man, wie die Finanzverwaltung, zu dem Ergebnis, dass die Zulassung zu den wesentlichen Betriebsgrundlagen gehört,[14] scheidet die Anwendbarkeit von § 20 (2) S. 2 UwStG aus. Folglich wären im Wege der Gründung alle stillen Reserven aufzudecken und zu versteuern.[15]

Wird die Zulassung übertragen, besteht die bereits oben erörterte Problematik, inwieweit eine Gesellschafterstellung vorliegt.[16] Wird die Gesellschafterstellung verneint, ist § 20 (2) UwStG nicht anwendbar. In diesem Fall sind die stillen Reserven aufzudecken.

3.6.2 Angestellten-Alternative

Die Gesellschaft mit beschränkter Haftung (GmbH) erzielt gewerbliche Einkünfte kraft Rechtsform (§ 13 (3) GmbHG). Sie ist gewerbesteuerpflichtig (§ 2 GewStG) und körperschaftsteuerpflichtig (§ 1 (1) KStG). Der angestellte Arzt erzielt Einkünfte aus nichtselbstständiger Tätigkeit (§ 19 EStG). Die Zahlungen der GmbH aufgrund der Gesellschafterstellung an ihn stellen Ausschüttungen dar, die zu Kapitaleinkünften führen (§ 20 EStG).

3.6.3 Vertragsarztvariante

Hinsichtlich der steuerrechtlichen Behandlung der Kapitalgesellschaft ist auf das zur Angestelltenvariante Gesagte zu verweisen.

---

[13] Vgl. 3.5.2.
[14] Vgl. OFD Münster vom 11.2.2009, S. 2172—152-St 12-33, DStR 2009, S. 798.
[15] Vgl. zu den Anwendungsvoraussetzungen allgemein: Windmann, Kommentierung zu § 20.
[16] Vgl. 3.5.1.1.

3.6 Gründung einer privat-rechtlichen GmbH zum Zweck des Betriebes eines MVZ

Zahlungen der Gesellschaft an den Arzt sind danach zu unterscheiden, ob es sich um Ausschüttungen handelt oder um sonstige Zahlungen im Rahmen eines besonderen Vertrages. Soweit es sich um Ausschüttungen handelt, handelt es sich um Einkünfte aus Kapitalvermögen. Handelt es sich allerdings um Zahlungen aufgrund eines zusätzlichen Vertrages (möglich da die Zulassung nicht übertragen wurde), liegen Einkünfte aus selbständiger Arbeit (§ 18 EStG) vor. Diese stellen bei der Kapitalgesellschaft Betriebsausgaben und beim Vertragsarzt Betriebseinnahmen dar.

Der Krankenhausbetrieb 4

4.1 Abgrenzung Zweckbetrieb und wirtschaftlicher Geschäftsbetrieb

In Hinblick auf § 67 AO ist zu prüfen, ob die Voraussetzung für eine Steuervergünstigung vorliegt. Hierbei geht es um die Abgrenzung zwischen wirtschaftlichem Geschäftsbetrieb (§ 14 AO) und Zweckbetrieb (§ 65 AO). Es ist diesbezüglich nicht auf den § 64 AO, sondern auf § 67 AO abzustellen. § 67 AO geht § 64 AO als Sondervorschrift für Krankenhäuser vor.[1]

Hinsichtlich des Begriffes des Krankenhauses ist auf die Definition durch das Krankenhausfinanzierungsgesetzes (§ 2 Nr. 1) abzustellen.

Hiernach sind Krankenhäuser Einrichtungen, an denen aufgrund pflegerischer und ärztlicher Hilfeleistungen, Leiden, Krankheiten oder Körperschäden festgestellt, geheilt oder gelindert werden sollen, oder Geburtshilfe geleistet wird und in dem die zu versorgenden Person untergebracht und verpflegt werden können.

Gemäß § 67 (1) AO ist ein Krankenhaus, das in den Anwendungsbereich des Krankenhausentgeltgesetzes oder der Bundespflegesatzverordnung fällt, ein Zweckbetrieb, wenn mindestens 40 % der jährlichen Belegungstage oder Berechnungstage auf Patienten entfallen, bei denen nur Entgelte für allgemeine Krankenhausleistungen (§ 7 Krankenhausentgeltgesetz, § 10 Bundespflegesatzverordnung) berechnet werden.

Die 40 %-Grenze stellt die unwiderlegbare gesetzliche Vermutung der gemeinnützigen Ausrichtung dar.

---

[1] Vgl. Tipke Kommentierung zu §§ 67, 65, 64.

Nicht in den Anwendungsbereich fallen Einrichtungen, die lediglich ambulante Behandlungen durchführen. Ausgeschlossen sind Altenheime und Einrichtungen des betreuten Wohnens.

4.2 Körperschaftsteuer

Von den Ertragssteuern kann hinsichtlich der Besteuerung von Krankenhäusern lediglich die Körperschaftsteuer als praxisrelevant eingestuft werden. Krankenhäuser werden i. d. R. nicht von Personengesellschaften bzw. Einzelpersonen betrieben. Somit kann die Einkommensteuer als nicht relevant eingestuft werden. Der Grund ist insbesondere – neben dem hohen Kapitalbedarf – darin zu sehen, dass Einzelpersonen und Personengesellschaften nicht als gemeinnützig eingestuft werden können.

Die Steuerbefreiung hat ihre Quelle im Körperschaftsteuergesetz (vgl. § 5 KStG). Somit können nur – unter weiteren Voraussetzungen – die in § 1 KStG aufgezählten Rechtsformen als gemeinnützig qualifiziert werden.

4.2.1 Steuerpflicht privater gemeinnütziger Träger

Körperschaften des privaten Rechts fallen unter die Aufzählung des § 1 (1) KStG und sind somit körperschaftsteuerpflichtig.

Von der grundsätzlichen Körperschaftsteuerpflicht besteht die Möglichkeit einer Befreiung gem. § 5 (1) Nr. 9 S. 1 KStG.[2] Hiernach sind Körperschaften, die nach der Satzung und der tatsächlichen Geschäftsführung ausschließlich und unmittelbar gemeinnützigen, mildtätigen oder kirchlichen Zwecken dienen (§§ 51–68 AO), von der Körperschaftsteuer befreit.[3] Voraussetzung ist die Erfüllung der Tatbestandsmerkmale der §§ 51 ff. AO.

Allerdings ist eine Steuerbefreiung für den wirtschaftlichen Geschäftsbetrieb ausgeschlossen (§ 5 (1) Nr. 9 S. 2 KStG).

Für den ideellen Bereich, die Vermögensverwaltung und den Zweckbetrieb bleibt die Befreiung bestehen.

---

[2] Vgl. zu den Einzelheiten: Jost, Kommentierung zu § 5 Nr. 8.
[3] Vgl. zu den Einzelheiten: Tipke, Kommentierung zu §§ 51–68.

4.2.2 Betrieb gewerblicher Art

Krankenhäuser, die von einem öffentlich-rechtlichen Träger (z. B. Bund, Länder, Gemeinden) betrieben werden, sind gem. § 1 (1) KStG nicht steuerpflichtig. Eine Ausnahme besteht allerdings für den Betrieb der gewerblichen Art juristischer Personen des öffentlichen Rechts. Betriebe gewerblicher Art juristischer Person des öffentlichen Rechts sind gemäß § 1 (1) Nr. 6 KStG körperschaftssteuerpflichtig.

Gemäß § 4 (1) S. 1 KStG handelt es sich bei den Betrieben gewerblicher Art von juristischen Personen des öffentlichen Rechts um Einrichtungen, die einer nachhaltigen wirtschaftlichen Betätigung zu Erzielung von Einnahmen nachgehen und sich innerhalb der Gesamtbetätigung der juristischen Personen wirtschaftlich herausheben. Eine Gewinnerzielungsabsicht oder eine Beteiligung am wirtschaftlichen Verkehr ist nicht erforderlich.

In der Regel sind diese Voraussetzungen bei Krankenhäusern in öffentlich-rechtlicher Trägerschaft erfüllt, insbesondere, weil sie als Krankenhäuser eine nachhaltige Tätigkeit zur Erzielung von Einnahmen (z. B. Erstattungen der Krankenkassen) ausüben. Sie treten auch aus der sonstigen Tätigkeit der öffentlich-rechtlichen Träger, erkennbar als Krankenhaus hervor.

Letztlich ist an dieser Stelle noch zu erwähnen, dass keine Steuerpflicht vorliegt soweit es sich um einen Hoheitsbetrieb handelt (§ 4 (5) KStG). Dieser ist anzunehmen, wenn überwiegend hoheitliche Gewalt ausgeübt wird. Dies kann im Rahmen des Krankenhausbetriebes i. d. R. nicht angenommen werden. Ausnahmen könnten z. B. geschlossene Anstalten oder Gefängniskrankenhäuser darstellen.

Eine Zusammenfassung mehrerer Betriebe gewerblicher Art ist unter den Voraussetzungen des § 4 (6) KStG möglich. Die dort genannten Voraussetzungen wie Gleichartigkeit und wechselseitige technisch-wirtschaftliche Verflechtung werden bei mehreren Krankenhäusern i. d. R. vorliegen.

Krankenhäuser als Betriebe gewerblicher Art können unter der Voraussetzung der Gemeinnützigkeit steuerbefreit sein. Gemäß § 5 (1) Nr. 9 KStG müssen hierzu die Voraussetzungen des §§ 51 ff. AO erfüllt sein.[4]

Betriebe der gewerblichen Art können wie Betriebe in privater Trägerschaft eine Anerkennung als gemeinnütziger Betrieb erlangen.

Das Gemeinnützigkeitsrecht wird in der gleichen Art und Weise wie auf private Träger angewendet. Diesbezüglich wird auf die oben gemachten Ausführungen verwiesen.

---

[4] Vgl. zu den Voraussetzungen: Jost, Kommentierung zu § 5 Nr. 9.

4.3 Gewinnermittlung bei Krankenhäusern

Ist eine private Körperschaft Träger des Krankenhauses, so ist sie auch Subjekt der Gewinnermittlung. Der Gewinn des wirtschaftlichen Geschäftsbetriebes ist der Körperschaft zuzurechnen und von dieser zu versteuern.

Die Gewinne von Betrieben gewerblicher Art öffentlich-rechtlicher Träger sind von den Trägern zu versteuern. Das Einkommen jedes einzelnen Betriebes ist gesondert zu ermitteln und festzusetzen. Eine Verrechnung von Verlusten erfolgt nicht. Auf der anderen Seite kann für jeden Betrieb der Freibetrag gemäß § 24 KStG geltend gemacht werden.

Kapitalgesellschaften sind Kaufleute kraft Rechtsform § 6 (1) HGB und als solche buchführungspflichtig gemäß § 238 HGB. Soweit der Krankenhausträger nicht körperschaftlich organisiert ist, unterliegt er in der Regel nach dem Krankenhausfinanzierungsgesetz einer Buchführungspflicht (KHBV), d. h. genauer der Verordnung über die Rechnungs- und Buchführungspflichten von Krankenhäusern.

Die Krankenhaus-Buchführungsverordnung unterscheidet nicht nach der Rechtsform. Sie erstreckt sich auf alle Krankenhäuser. Ausgenommen sind nur die Krankenhäuser, die dem Krankenhausfinanzierungsgesetz nicht unterliegen (§ 1 (2) KHBV). Inhaltlich wird im Rahmen der Krankenhausbuchführungsverordnung grundsätzlich auf das Handelsgesetzbuch verwiesen.

Nach dem oben Gesagten kann von einer Buchführungspflicht ausgegangen werden. Die steuerliche Gewinnermittlung erfolgt nach den allgemeinen steuerlichen Vorschriften. Hinsichtlich der Gewinnermittlung verweist § 8 (1) KStG auf die Vorschriften des Einkommensteuergesetzes. Gemäß § 4 (1) S. 1 EStG erfolgt die Gewinnermittlung durch Betriebsvermögensvergleich.

4.4 Gewerbesteuerpflicht

4.4.1 Gemeinnützige Krankenhäuser in privater Trägerschaft

Gemeinnützige Krankenhäuser in privater Trägerschaft sind gemäß § 2 (1) S. 1 GewStG nicht gewerbesteuerpflichtig. Der § 2 (1) S. 1 GewStG setzt einen stehenden Gewerbebetrieb im Inland voraus. Steuergegenstand ist ein Gewerbebetrieb i. S. des Einkommensteuergesetzes. Voraussetzung sind Selbständigkeit, Nachhal-

4.4 Gewerbesteuerpflicht

tigkeit, Gewinnerzielungsabsicht und die Beteiligung am allgemeinen wirtschaftlichen Verkehr.[5] Mangels eigenwirtschaftlicher Ziele des gemeinnützigen Trägers sind die Voraussetzungen für ein gewerbliches Unternehmen nicht erfüllt.

In Betracht kommt allerdings eine Gewerbesteuerpflicht kraft Rechtsform gem. § 2 (1) S. 1 GewStG in der Rechtsform der GmbH und der AG, da die Tätigkeit einer juristischen Person des privaten Rechts in dieser Rechtsform stets gewerbesteuerpflichtig ist (§ 13 (3) GmbHG, § 3 (1) AktG).

Wird das Krankenhaus nicht in der Form einer Kapitalgesellschaft betrieben, kommt eine Gewerbesteuerpflicht im Hinblick auf den wirtschaftlichen Geschäftsbetrieb in Betracht (§ 2 (3) GewStG).

Dem wirtschaftlichen Geschäftsbetrieb sind die Einnahmen zuzuordnen, die keine Einnahmen der Vermögensverwaltung, des ideellen Bereichs oder des Zweckbetriebes darstellen. Ein solcher wirtschaftlicher Geschäftsbetrieb liegt z. B. vor, wenn Räume und technische Anlagen des Krankenhauses an Ärzte oder Gemeinschaftspraxen gegen Mieteinnahmen vermietet werden.

Mehrere wirtschaftliche Geschäftsbetriebe einer juristischen Person des privaten Rechts gelten als ein einheitlicher Betrieb. Eine Verrechnung mit Gewinnen und Verlusten aus Zweckbetrieben ist unzulässig; Gleiches gilt für Gewinne und Verluste, die im Rahmen der Vermögensverwaltung oder im ideellen Bereich anfallen.[6]

4.4.2 Nicht-gemeinnützige Krankenhäuser in privater Trägerschaft

Nicht-gemeinnützige Krankenhäuser privater Träger sind als gewerbesteuerpflichtig einzustufen. Mangels Gemeinnützigkeit liegt eine Gewinnerzielungsabsicht vor. Es liegen alle Kriterien einer Gewerbesteuerpflicht kraft gewerblicher Betätigung vor: Selbständigkeit, Nachhaltigkeit, Gewinnerzielungsabsicht und die Beteiligung am allgemeinen wirtschaftlichen Verkehr (§ 2 (1) GewStG).[7] Es existiert keine Befreiungsvorschrift.

---

[5] Vgl. Sarrazin, Kommentierung zu § 2.
[6] Vgl. BFH vom 4.3.1976, IV R 189/71, BStBl. 1976, 472 ff.
[7] Vgl. Sarrazin, Kommentierung zu § 2.

4.4.3 Krankenhäuser in öffentlich-rechtlicher Trägerschaft

Bei Krankenhäusern in öffentlich-rechtlicher Trägerschaft kann von einer Gewerbesteuerpflicht ausgegangen werden, wenn ein Betrieb der öffentlichen Hand vorliegt (§ 2 (1) S. 1 GewStDV). Es existiert keine Befreiungsvorschrift.

Unternehmen von juristischen Personen des öffentlichen Rechts sind Betriebe der öffentlichen Hand, wenn sie als ein stehender Gewerbebetrieb anzusehen sind. Gemäß § 1 GewStDV ist ein stehender Gewerbebetrieb jeder Gewerbebetrieb, der kein Reisegewerbebetrieb ist.

Hinsichtlich der Definition des Gewerbes ist erforderlich: Selbständigkeit, Nachhaltigkeit, Gewinnerzielungsabsicht und die Beteiligung am allgemeinen geschäftlichen Verkehr. Diese Voraussetzungen liegen bei Krankenhäusern in öffentlich-rechtlicher Trägerschaft i. d. R. vor.

Ausgenommen von der Steuerpflicht sind gemäß § 2 (2) GewStDV Unternehmen von juristischen Personen des öffentlichen Rechts, die überwiegend der Ausübung der öffentlichen Gewalt dienen (Hoheitsbetriebe). Ein Hoheitsbetrieb könnte z. B. bei einem Gefängniskrankenhaus vorliegen.

4.5 Gewerbesteuerbefreiung

4.5.1 Gemeinnützige Körperschaften

Kommt man zu dem Ergebnis, dass eine Gewerbesteuerpflicht dem Grunde nach vorliegt, ist in einem zweiten Schritt zu prüfen, inwieweit Steuerbefreiungsvorschriften greifen.

Gemäß § 3 Nr. 6 S. 1 GewStG sind gemeinnützige Körperschaften, Personenvereinigungen und Vermögensmassen von der Gewerbesteuer befreit. Hiernach können folglich private gemeinnützige Krankenhäuser, die gewerbesteuerpflichtig kraft Rechtsform sind, von der Gewerbesteuer befreit sein. Gemäß § 3 Nr. 6 S. 2 GewStG ist eine Steuerbefreiung für den wirtschaftlichen Geschäftsbetrieb ausgeschlossen.[8]

---

[8] Vgl. zu den Details: Sarrazin, Kommentierung zu § 3.

4.5.2 Betriebe der öffentlichen Hand

Krankenhäuser in öffentlich-rechtlicher Trägerschaft sind grundsätzlich gem. § 2 (1) GewStG und § 2 (1) GewStDV gewerbesteuerpflichtig (Betriebe der öffentlichen Hand). Gemäß § 3 Nr. 20 a GewStG sind Krankenhäuser, die von juristischen Person des öffentlichen Rechts betrieben werden, von der Gewerbesteuer befreit. Durch die hier aufgeführte Befreiungsvorschrift wird die Steuerpflicht wieder aufgehoben.

Auch Krankenhäuser, die nicht von gemeinnützigen Trägern betrieben werden, können von der Gewerbesteuer befreit sein.

4.5.3 Krankenhäuser privater nicht-gemeinnütziger Träger

Gemäß § 3 Nr. 20 b GewStG müssen hierzu die Voraussetzungen des § 67 AO vorliegen. Gemäß § 67 (1) AO müssen mindestens 40 % der jährlichen Belegungstage oder Berechnungstage auf Patienten entfallen, bei denen nur Entgelte für allgemeine Krankenhausleistungen (§ 7 Krankenhausentgeltgesetz, § 10 Bundespflegesatzverordnung) berechnet werden.

4.6 Umsatzsteuer (UStG)

Einleitung

Auch im Bereich der medizinischen Heilberufe erfolgt eine Prüfung hinsichtlich der Umsatzsteuerpflicht nach dem üblichen Schema. Liegt eine Lieferung oder sonstige Leistung eines Unternehmers mit dem Leistungsort in Deutschland vor, ist diese steuerbar (§ 1 (1) UStG). Anschließend ist die Relevanz einer Steuerbefreiungsvorschrift zu prüfen. Ist keine Steuerbefreiungsvorschrift einschlägig, ist die Leistung mangels Steuerbefreiung steuerpflichtig. Im Anschluss ist zu prüfen, ob eine Steuerermäßigungsvorschrift hinsichtlich des Steuersatzes einschlägig ist.

4.6.1 Umsatzsteuer gemeinnütziger Träger

Gemäß § 2 (1) UStG ist Unternehmer, wer nachhaltig zur Erzielung von Einnahmen tätig wird, unabhängig davon, ob er die Absicht hat einen Gewinn zu erzielen.

Ein als gemeinnützig anerkannter Krankenhausträger wird diese Tatbestandsmerkmale in der Regel erfüllen. Aufgrund der Gemeinnützigkeit ist die Steuerbarkeit der Umsätze nicht ausgeschlossen; für eine steuerrechtliche Würdigung ist zu unterscheiden, in welchem Teil der Körperschaft die Umsätze getätigt werden.

Die Körperschaft teilt sich auf in einen unternehmerischen Teil und in einen nichtunternehmerischen Teil. Leistungen im unternehmerischen Bereich können steuerbar sein. Leistungen im nichtunternehmerischen Bereich sind mangels Unternehmereigenschaft nicht steuerbar (§ 2 (1) UStG).

Die Leistungen der Körperschaft müssen dem jeweiligen Bereich zugeordnet werden. Leistungen, die im ideellen Bereich erbracht werden, sind keine Leistung im Sinne des Umsatzsteuergesetzes, weil es an einem Leistungsaustausch fehlt. So werden z. B. Mitgliedsbeiträge nicht einer konkreten Gegenleistung wegen erbracht.

Leistungen im Zweckbetrieb oder im wirtschaftlichen Geschäftsbetrieb stellen Leistungen im unternehmerischen Bereich dar. Hierbei handelt es sich um Leistungen eines Unternehmers im Rahmen seines Unternehmens i. S. v. § 2 (1) UStG.

Hinsichtlich der Leistungen im Bereich der Vermögensverwaltung sind die Leistungen hinsichtlich der Steuerbarkeit für jede Leistung gesondert zu prüfen.

4.6.1.1 Organschaft

An dieser Stelle ist noch kurz auf die umsatzsteuerliche Organschaft einzugehen.

Gemäß § 2 (2) Nr. 2 UStG liegt keine selbstständige, berufliche Tätigkeit vor, wenn eine juristische Person nach dem Gesamtbild der Verhältnisse finanziell, wirtschaftlich und organisatorisch in das Unternehmen des Organträgers eingegliedert ist.

Dieses ist z. B. der Fall, wenn ein Teil des Krankenhauses in eine eigenständige Gesellschaft gegen Gewährung von Gesellschaftsrechten ausgegliedert wird. Rechtsfolge aufgrund der finanziellen, wirtschaftlichen und organisatorischen Eingliederung ist, dass kein Leistungsaustausch zwischen dem Krankenhaus und der neu gegründeten Gesellschaft existiert, da es sich um ein Unternehmen handelt. In diesem Fall liegen nicht steuerbare Innenumsätze vor.

4.6.2 Umsatzsteuer bei nicht-gemeinnützigen privaten Trägern

Die Leistungen von Krankenhäusern privater nicht-gemeinnütziger Träger unterliegen der Umsatzsteuerpflicht. Eine Unterteilung in einen unternehmerischen Teil und in einen nichtunternehmerischen Teil ist nicht vorzunehmen. Es existiert nur der unternehmerische Teil. Insbesondere existiert kein ideeller Bereich mit nichtsteuerbaren Umsätzen. Hinsichtlich der Rechtsfolgen der umsatzsteuerrechtlichen Organschaft kann auf das oben Gesagte verwiesen werden. Es gelten die gleichen Vorschriften. Insbesondere stellen auch hier die Innenumsätze keine steuerbaren Leistungen dar.

4.6.3 Umsatzsteuer öffentlich-rechtlichen Trägern

Die Leistungen von Krankenhäusern von öffentlich-rechtlichen Trägern sind steuerbar, wenn sie als Unternehmer die Leistungen erbringen (§ 1 (1) UStG). Dieses ist bei juristischen Personen des öffentlichen Rechts im Rahmen des Betriebes der gewerblichen Art der Fall.

4.6.4 Steuerbefreiung Umsatzsteuerrecht (§ 4 Nr. 14 b UStG)

Gemäß § 4 Nr. 14 b UStG sind Krankenhausbehandlungen und ärztliche Heilbehandlungen einschließlich der in der Vorschrift benannten Behandlungsleistungen und die damit verbundenen Umsätze von der Umsatzsteuer befreit, wenn sie von Einrichtungen des öffentlichen Rechts oder den in § 4 Nr. 14 b S. 2 aa)–hh) UStG aufgeführten Einrichtungen erbracht werden.[9]

Steuerbefreit sind gemäß § 4 Nr. 14 b UStG Leistungen von Einrichtung von juristischen Person des öffentlichen Rechts. Hiernach nicht befreit sind Leistungen von Krankenhäusern, die in einer privaten Rechtsform betrieben werden.

Nicht öffentlich-rechtlich organisierte Krankenhäuser fallen in den Anwendungsbereich von § 4 Nr. 14 b UStG. Diesbezüglich wird auf die Ausführungen oben verwiesen.

---

[9] Vgl. auch Oelmaier, Kommentierung zu § 14.

4.6.5 Mit dem Krankenhaus eng verbundene Umsätze

Gemäß § 4 Nr.14 b UStG sind nicht nur die dort aufgezählten Umsätze von der Umsatzsteuer befreit, sondern auch die damit eng verbundenen Umsätze.[10]
Zu klären ist, was ein eng verbundener Umsatz ist. Der europäische Gerichtshof (EuGH) hat hierzu entschieden, dass der Begriff eng verbundener Umsatz weit auszulegen ist und hat damit die Richtlinien auch für Deutschland verbindlich ausgelegt.[11]

Hiernach sind alle mit dem Krankenhausbetrieb verbundenen Umsätze „eng verbundene Umsätze".

Als eng mit Krankenhausbehandlungen nach § 4 Nr. 14 b UStG verbundene Umsätze sind – nach Auffassung der Finanzverwaltung – Leistungen anzusehen, die für diese Einrichtung nach der Verkehrsauffassung typisch und unerlässlich sind, regelmäßig und allgemein beim Betrieb vorkommen und damit zumindest mittelbar zusammenhängen.[12]

4.6.6 Steuerbefreiungen gem. § 4 Nr. 14, 17 a, 18 UStG

Alle Leistungen im Krankenhaus fallen unter den Buchstaben b) des § 4 Nr. 14 UStG.[13] Ausschlaggebend für die Zuordnung ist der Ort der Leistungserbringung. § 4 Nr. 14 a UStG ist im Krankenhausbereich nicht anwendbar.

Als weitere Befreiungsvorschrift ist die Steuerbefreiung nach § 4 Nr. 17 a UStG einschlägig. Hiernach sind Lieferungen von menschlichen Organen, menschlichem Blut und Frauenmilch von der Steuer befreit.

§ 4 Nr. 18 UStG hat enge Anwendungsvoraussetzungen, kann aber im Bereich der Besteuerung eines Krankenhauses einschlägig sein.[14]

Anwendbar ist die Vorschrift auf amtlich anerkannte Verbände der freien Wohlfahrtpflege, der freien Wohlfahrtpflege dienende Körperschaften, Personenvereinigungen und Vermögensmassen, die einem Wohlfahrtsverband als Mitglied angeschlossen sind. Darüber hinaus müssen gemeinnützige Zwecke verfolgt werden, die Leistungserbringung muss unmittelbar dem in der Satzung aufgeführten

---

[10] Vgl. auch Oelmaier, Kommentierung zu § 14.
[11] Vgl. EuGH vom 11.1.2001, C-76/99, UR 2001, 62.
[12] Vgl. BFH vom 1.12.1977, V R 37/75, BStBl. II, 1978, 173.
[13] Vgl. auch Oelmaier, Kommentierung zu § 14.
[14] Vgl. Hünnekens, Kommentierung zu § 4 Nr. 18.

begünstigten Personenkreis zugutekommen und die erzielten Entgelte müssen hinter den in der freien Wirtschaft erzielbaren Entgelten zurückbleiben.

4.6.7 Steuersatzermäßigung gemäß § 12 (2) Nr. 8 a UStG

Ist die zu beurteilende Leistung des Krankenhauses steuerbar, mangels Steuerbefreiungsvorschriften steuerpflichtig, ist zu prüfen, inwieweit eine Steuerermäßigungsvorschrift einschlägig ist. Der allgemeine Steuersatz beträgt gem. § 12 (1) UStG 19 Prozent.

Gemäß § 12 (2) Nr. 8 a UStG reduziert sich der Steuersatz auf 7 Prozent, soweit die Leistungen von Körperschaften erbracht werden, die den Gemeinnützigkeitsvorschriften von §§ 51 ff. AO entsprechen.

Ausgeschlossen ist eine Steuerermäßigung gem. § 12 (2) Nr. 8 a S. 2 UStG für Leistungen, die im Rahmen des wirtschaftlichen Geschäftsbetriebs erbracht werden. Leistungen im Bereich des wirtschaftlichen Geschäftsbetriebes unterliegen der Regelbesteuerung von 19 Prozent.

Anwendung findet die Vorschrift im Bereich der Vermögensverwaltung und im Bereich des Zweckbetriebes. Die Umsätze im ideellen Bereich sind nicht umsatzsteuerbar, da ist in diesem Bereich an einer Unternehmereigenschaft fehlt.

4.6.8 Vorsteuerabzug (§ 15 UStG)

Umsatzsteuerbeträge, die für Leistungen von anderen Unternehmen in Rechnung gestellt wurden, können von der geschuldeten Umsatzsteuer abgezogen werden § 15 (1) Nr.1 UStG. Dieses setzt allerdings voraus, dass die Leistungen, die das Unternehmen selbst erbringt, umsatzsteuerpflichtig sind. Der Vorsteuerabzug ist ausgeschlossen, soweit steuerfreie Leistungen erbracht werden, d. h., unterliegt die eigene Leistung nicht der Umsatzsteuer, so ist der Vorsteuerabzug ausgeschlossen (vgl. z. B. § 15 (2) Nr. 1, UStG, § 15 (3) Nr. 1 UStG.).

Da im Krankenhaus in der Regel umsatzsteuerpflichtige und -steuerfreie Leistungen erbracht werden, müssen die Vorsteuerbeträge zugeordnet werden. Sofern eine Zuordnung nicht möglich ist, muss eine sachgerechte Aufteilung im Wege der Schätzung erfolgen (§ 15 (4) S. 2 UStG).

Diese Grundsätze unterscheiden sich nicht von den allgemeinen Grundsätzen, wie sie auch bei anderen Unternehmen Anwendung finden.

4.7 Grunderwerbsteuer – Besteuerung der Krankenhäuser

Einleitung

Gemäß §1 GrEStG unterliegen die dort aufgeführten Rechtsvorgänge, die sich auf inländische Grundstücke beziehen, der Grunderwerbsteuer. Ein Beispiel für einen solchen Rechtsvorgang ist z. B. der Abschluss eines Kaufvertrages, der einen Anspruch auf eine Übereignung begründet (§ 1(1) Nr. 1 GrEStG).

Wenn man zu dem Ergebnis kommt, dass das zu beurteilen Rechtsgeschäft die Voraussetzung des § 1 GrEStG erfüllt (z. B Abschluss eines Kaufvertrages), ist auf der zweiten Stufe zu prüfen, ob Steuervergünstigungsvorschriften – Ausnahmen von der Besteuerung – einschlägig sind. Im Hinblick auf den Krankenhausbetrieb sind die §§ 3 und 4 GrEStG zu prüfen.

Der § 3 GrEStG behandelt allgemeine Ausnahmen, § 4 GrEStG besondere Ausnahmen von der Besteuerung.

4.7.1 § 3 Nr. 2 GrEStG

Gemäß § 3 Nr. 2 GrEStG sind Schenkungen im Sinne des Erbschaftsteuersteuergesetzes von der Steuer befreit. Zweck der Vorschrift ist es, eine doppelte Belastung zu vermeiden.[15]

Diese Befreiungsvorschrift greift im Bereich des Krankenhausbetriebes nur teilweise. Der BFH hat entschieden, dass unentgeltliche Übertragungen zwischen Trägern der öffentlichen Verwaltung nicht freigiebig (als Schenkung) erfolgen.[16] Folglich scheidet eine Befreiung von der GrESt hiernach aus. Allerdings entfällt durch diese Würdigung auch die Belastung mit der Erbschaft- und Schenkungsteuer.

4.7.2 § 4 Nr.1 GrEStG

Gemäß § 4 Nr. 1 GrEStG kann der Erwerb durch eine juristische Person des öffentlichen Rechts unter weiteren Voraussetzungen von der Grunderwerbsteuer

---

[15] Zu den Einzelheiten vgl. Weilbach u. a. (Hrsg.), Kommentierung zu § 3.
[16] Vgl. BFH vom 29.3.2006, II R 15/04, BStBl. II 2006, 557 = DB 2006, 1193.

befreit sein. Anlass der Übertragung müsste z. B. der Übergang von öffentlich-rechtlichen Aufgaben sein. Darüber hinaus sieht das Gesetz eine Steuerbefreiung vor, wenn Anlass der Übertragung eine Gesetzesänderung ist.[17] Die Steuerbefreiung ist allerdings ausgeschlossen, wenn das Grundstück überwiegend einem Betrieb der gewerblichen Art dient. Da dieses – wie bereits dargestellt – der Fall ist, da Krankenhäuser Betriebe gewerblicher Art sind, kann eine Steuerfreiheit ausgeschlossen werden.

Im Bereich des Betriebs von Krankenhäusern existiert faktisch keine Steuerbefreiung für die in § 1 GrEStG aufgeführten Rechtsvorgänge.

4.8 Grundsteuer

Gemäß § 1 GrStG obliegt den Gemeinden die Möglichkeit die Grundsteuer zu erheben (Heberecht).

Steuergegenstand in den hier betrachtenden Fällen sind Grundstücke im Sinne von § 2 Nr. 2 GrStG.

Für Krankenhäuser die von einem öffentlich-rechtlichen Träger betrieben werden, kommt die Befreiung gemäß § 3 (1) Nr. 3 a GrStG in Betracht. Voraussetzung ist die Nutzung für gemeinnützige oder mildtätige Zwecke im Sinne der Abgabenordnung (AO). Diesbezüglich kann auf die bisherigen Ausführungen verwiesen werden. Für Krankenhäuser in privatrechtlicher Trägerschaft ist eine Befreiung gemäß § 3 (1) Nr. 3 b GrStG zu prüfen.[18]

Voraussetzung ist zunächst, dass Grundstückseigentümer eine inländische Körperschaft Personenvereinigung oder Vermögensmasse ist. Wie bisher wird davon ausgegangen, dass Krankenhäuser von einer juristischen Person betrieben werden. Gemäß § 3 (1) Nr. 3 b GrStG ist es weitere Voraussetzung, dass die Körperschaft und auch die Grundstücksnutzung ausschließlich und unmittelbar gemeinnützigen oder mildtätigen Zwecken dient. Hinsichtlich dieser Erfordernis ist auf die Gemeinnützigkeitsvorschriften der §§ 51 ff. AO zu verweisen.

Wichtig erscheint ein Hinweis auf § 8 (1) GrStG. Hiernach fällt nur der (räumlich abgegrenzte) Grundstücksteil unter die Befreiungsvorschrift, der für die steuerbegünstigten Zwecke genutzt wird.

Damit kann die Befreiungsvorschrift nur für den Teil des Grundstückes beansprucht werden, der durch den ideellen Teil, den Zweckbetrieb oder die Vermö-

---

[17] Zu den Einzelheiten vgl. Weilbach u. a. (Hrsg.), Kommentierung zu § 4.
[18] Vgl. zu den Einzelheiten Horschitz u. a. (Hrsg.), Kommentierung zu §§ 1–8.

gensverwaltung genutzt wird. Für den Teil des Grundstückes, der für den wirtschaftlichen Geschäftsbetrieb benutzt wird, entfällt die Möglichkeit einer Steuerbefreiung.

Problematisch sind die Sachverhalte, die eine Aufteilung des Grundstückes hinsichtlich der Nutzung des Grundstückes nicht ermöglichen.

Der § 8 (2) des GrStG schreibt für den Fall vor, dass eine räumliche Abgrenzung für die verschiedenen Zwecken nicht möglich ist, eine Steuerbefreiung nur in Betracht kommt, wenn die steuerbegünstigten Zwecke überwiegen. Steuerbefreit sind gem. § 4 Nr. 6 GrStG der Grundbesitz für Zwecke eines Krankenhausbetriebes. Weitere Voraussetzung ist, dass das Krankenhaus die Voraussetzungen des § 67 AO erfüllt.[19]

Da gemeinnützige Krankenhäuser in der Regel die Voraussetzungen gemäß § 3 (1) Nr. 3 GrStG erfüllen, hat diese Vorschrift, soweit man als Träger juristische Personen betrachtet, keine eigenständige praktische Bedeutung.

---

[19] Vgl. zu den Einzelheiten Horschitz u. a. (Hrsg.), Kommentierung zu §§ 1–8.

Integrierte Versorgung 5

5.1 Der Begriff der integrierten Versorgung

Die integrierte Versorgung wurde durch das Gesetz zur Modernisierung der gesetzlichen Krankenversicherung in vielen Teilen neu geregelt. Der Begriff integrierte Versorgung ist in der Weise zu verstehen, dass Krankenkassen mit Gruppen oder einzelnen Leistungserbringern Verträge über die Versorgung des Versicherten abschließen können. Die rechtlichen Grundlagen sind in den §§ 140 a ff. SGB V niedergelegt.

§ 140 a (1) SGB V lautet:

Abweichend von den übrigen Regelungen dieses Kapitels können die Krankenkassen Verträge über eine verschiedene Leistungssektoren übergreifende Versorgung der Versicherten oder eine interdisziplinär-fachübergreifende Versorgung mit den in § 140 b Abs. 1 genannten Vertragspartnern abschließen. Die Verträge zur integrierten Versorgung sollen eine bevölkerungsbezogene Flächendeckung der Versorgung ermöglichen. Soweit die Versorgung der Versicherten nach diesen Verträgen durchgeführt wird, ist der Sicherstellungsauftrag nach § 75 Abs. 1 eingeschränkt. Das Versorgungsangebot und die Voraussetzungen seiner Inanspruchnahme ergeben sich aus dem Vertrag zur integrierten Versorgung. (...)

Hiernach haben die Krankenkassen eine große Zahl von möglichen Vertragspartnern und vertraglichen Strukturen. Die möglichen Leistungserbringer sind in § 140 b (1) SGB V aufgeführt. Hierzu gehören nicht nur Ärzte, Gemeinschaftspraxen und Krankenhäuser, sondern auch medizinische Versorgungszentren.

§ 140 b (1) SGB V lautet:

Die Krankenkassen können die Verträge nach § 140a Abs. 1 nur mit

1. einzelnen, zur vertragsärztlichen Versorgung zugelassenen Ärzten und Zahnärzten und einzelnen sonstigen, nach diesem Kapitel zur Versorgung der Versicherten berechtigten Leistungserbringern oder deren Gemeinschaften,

2. Trägern zugelassener Krankenhäuser, soweit sie zur Versorgung der Versicherten berechtigt sind, Trägern von stationären Vorsorge- und Rehabilitationseinrichtungen, soweit mit ihnen ein Versorgungsvertrag nach § 111 Abs. 2 besteht, Trägern von ambulanten Rehabilitationseinrichtungen oder deren Gemeinschaften,

3. Trägern von Einrichtungen nach § 95 Abs. 1 Satz 2 oder deren Gemeinschaften,

4. Trägern von Einrichtungen, die eine integrierte Versorgung nach § 140a durch zur Versorgung der Versicherten nach dem Vierten Kapitel berechtigte Leistungserbringer anbieten,

5. Pflegekassen und zugelassenen Pflegeeinrichtungen auf der Grundlage des § 92b des Elften Buches,

6. Gemeinschaften der vorgenannten Leistungserbringer und deren Gemeinschaften,

7. Praxiskliniken nach § 115 Absatz 2 Satz 1 Nr. 1,

8. pharmazeutischen Unternehmern,

9. Herstellern von Medizinprodukten im Sinne des Gesetzes über Medizinprodukte

abschließend. Für pharmazeutische Unternehmer und Hersteller von Medizinprodukten nach den Nummern 8 und 9 gilt § 95 Absatz 1 Satz 6 zweiter Teilsatz nicht.

5.1.1 Managementgesellschaften

Darüber hinaus gewinnen die Managementgesellschaften als Vertragspartner in der Praxis mehr und mehr an Bedeutung. In Hinblick auf die Managementgesellschaften haben sich in der Praxis zwei Modelle ausgebildet.

Beim Koordinierungsmodell übernehmen die Managementgesellschaften die Koordinierung und Managementaufgaben. Leistungserbringer der Gesundheitsleistungen bleiben weiterhin die Ärzte, Gemeinschaftspraxen etc. Bei diesem Modell wird nur der Koordinierungsprozess (Managementprozess) von der Managementgesellschaft erbracht.

Managementgesellschaften können aber auch als Vertragspartner Leistungspakete anbieten. Zur Erfüllung dieser Leistungspakete müssen Sie die Leistungserbringer vertraglich verpflichten. In diesem Modell ist die Managementgesellschaft selber Vertragspartner: Die Ärzte, Gemeinschaftspraxen etc. (Leistungserbringer) erbringen ihre Leistung nicht mehr als Vertragspartner gegenüber der Krankenkasse, sondern gegenüber der Managementgesellschaft. Die Managementgesellschaft rechnet mit den Krankenkassen ab (Liquidationsrecht).

5.1.2 Vergütung

Im Rahmen der integrierten Versorgung ist auf die Regelung des § 140 c SGB V hinzuweisen. Diese enthält Regelungen zur Vergütung. Grundsätzlich ist eine pauschale Vergütung vorgesehen. Der Gesetzgeber schreibt hierzu im SGB V vor:

§ 140c Vergütung

*(1) Die Verträge zur integrierten Versorgung legen die Vergütung fest. Aus der Vergütung für die integrierten Versorgungsformen sind **sämtliche Leistungen**, die von teilnehmenden Versicherten im Rahmen des vertraglichen Versorgungsauftrags in Anspruch genommen werden, zu vergüten. Dies gilt auch für die Inanspruchnahme von Leistungen von nicht an der integrierten Versorgung teilnehmenden Leistungserbringern, soweit die Versicherten von an der integrierten Versorgung teilnehmenden Leistungserbringern an die nicht teilnehmenden Leistungserbringer überwiesen wurden oder aus sonstigen, in dem Vertrag zur integrierten Versorgung geregelten Gründen berechtigt waren, nicht teilnehmende Leistungserbringer in Anspruch zu nehmen.*

(2) Die Verträge zur integrierten Versorgung können die Übernahme der Budgetverantwortung insgesamt oder für definierbare Teilbereiche (kombiniertes Budget) vorsehen. Die Zahl der teilnehmenden Versicherten und deren Risikostruktur sind zu berücksichtigen. Ergänzende Morbiditätskriterien sollen in den Vereinbarungen berücksichtigt werden. (...)

5.2 Integrierte Versorgung – verdeckte Mitunternehmerschaft

Auf das Risiko einer verdeckten Mitunternehmerschaft soll hier kurz eingegangen werden. Die integrierte Versorgung basiert auf einer abgestimmten und organisierten Arbeitsweise.

Dies ist eine der wesentlichsten Voraussetzungen der integrierten Versorgung und gehört zu der Verpflichtung hinsichtlich einer versorgungssicheren und qualitätsvollen Leistungserbringung im Sinne von § 140 b (3) SGB V. Die Teilnehmer müssen garantieren, dass sie neben den medizinischen und medizinisch-technischen Voraussetzungen auch die organisatorischen und betriebswirtschaftlichen Voraussetzungen erfüllen, um den allgemein anerkannten Stand der medizinischen Kenntnisse sicherzustellen.

§ 140 b (3) SGB V lautet:

(3) In den Verträgen nach Absatz 1 müssen sich die Vertragspartner der Krankenkassen zu einer qualitätsgesicherten, wirksamen, ausreichenden, zweckmäßigen und wirtschaftlichen Versorgung der Versicherten verpflichten. Die Vertragspartner haben die Erfüllung der Leistungsansprüche der Versicherten nach den §§ 2 und 11 bis 62 in dem Maße zu gewährleisten, zu dem

die Leistungserbringer nach diesem Kapitel verpflichtet sind. Insbesondere müssen die Vertragspartner die Gewähr dafür übernehmen, dass sie die organisatorischen, betriebswirtschaftlichen sowie die medizinischen und medizinisch-technischen Voraussetzungen für die vereinbarte integrierte Versorgung entsprechend dem allgemein anerkannten Stand der medizinischen Erkenntnisse und des medizinischen Fortschritts erfüllen und eine an dem Versorgungsbedarf der Versicherten orientierte Zusammenarbeit zwischen allen an der Versorgung Beteiligten einschließlich der Koordination zwischen den verschiedenen Versorgungsbereichen und einer ausreichenden Dokumentation, die allen an der integrierten Versorgung Beteiligten im jeweils erforderlichen Umfang zugänglich sein muss, sicherstellen.

Gerade diese gesetzliche Verpflichtung des hohen Organisationsgrades und die damit verbundene Vermutung des Vorliegens dieses hohen Organisationsgrades verpflichtet in der Praxis zur Prüfung, inwieweit im Rahmen der integrierten Versorgung auf Ebene der teilnehmenden Leistungserbringer eine verdeckte Mitunternehmerschaft vorliegt.

Der BFH hat im Hinblick auf eine verdeckte Mitunternehmerschaft entschieden,[1] dass diese unabhängig von der formalen Beziehung zu beurteilen ist. Ausschlaggebend sind die Rechtsbeziehungen der Beteiligten nach dem Gesamtbild der Verhältnisse. Entscheidend ist insbesondere der Zusammenschluss zur Erreichung eines gemeinsamen Zwecks. Der erforderliche Rechtsbindungswille ist anhand der äußeren Umstände zu prüfen. Ein rein tatsächliches Miteinander reicht für den Schluss eines Gesellschaftsvertrages nicht aus.

Es ist daher zur Beurteilung, inwieweit im Rahmen der integrierten Versorgung eine (verdeckte) Mitunternehmerschaft vorliegt, jeder Einzelfall gesondert zu prüfen. Maßgebliche Kriterien sind, wie auch sonst in den Fällen der Mitunternehmerschaft, inwieweit eine Mitunternehmerinitiative und ein Mitunternehmerrisiko vorliegen.

5.3 Integrierte Versorgung – Abfärbung

5.3.1 Problematik

Gemäß § 15 (3) Nr. 1 EStG gilt als Gewerbebetrieb auch die Tätigkeit einer offenen Handelsgesellschaft (oHG), einer Kommanditgesellschaft (KG) oder einer anderen Personengesellschaft (z. B. GmbH & Co KG), wenn die Gesellschaft auch gewerbliche Einkünfte erzielt.

---

[1] Vgl. BFH vom 1.7.2003, VIII R 2/03, in BFH/NV 2003, S. 1564.

5.3 Integrierte Versorgung – Abfärbung

Ist allerdings zu beachten, dass nicht bereits geringste gewerbliche Einkünfte ausreichen, um die freiberuflichen Einkünfte zu infizieren. Der BFH hat hierzu eine Geringfügigkeitsgrenze von 1,25 % formuliert. Sofern diese Grenze nicht überschritten wird, findet keine Infektion statt. Die Geringfügigkeitsschwelle wird in einem BMF-Schreiben[2] aufgegriffen:

(...)

Die zwischen Krankenhaus und Arzt vereinbarte Fallpauschale umfasst Vergütungen sowohl für freiberufliche (§ 18 EStG) als auch für gewerbliche (§ 15 EStG) Tätigkeiten. Soweit diese Fallpauschalen mit Gemeinschaftspraxen vereinbart werden, kommt es bei der integrierten Versorgung unter der Voraussetzung, dass die vom BFH aufgestellte Geringfügigkeitsgrenze (1,25 %) überschritten ist, nach § 15 Abs. 3 Nr. 1 EStG zu einer gewerblichen Infizierung der gesamten Tätigkeit der Gemeinschaftspraxen. Die an der Gemeinschaftspraxis beteiligten Ärzte haben die Einkünfte somit insgesamt als Einkünfte aus Gewerbebetrieb zu versteuern.

Sofern diese Geringfügigkeitsgrenze überschritten wird, sind alle Einkünfte als gewerbliche Einkünfte zu qualifizieren und unterliegen der Gewerbesteuer.

Es ist zu empfehlen, diese Problematik, wenn möglich, zu umgehen und dieses Risiko nicht einzugehen.

5.3.2 Pauschale Vergütung

Wie oben dargestellt enthält § 140 c SGB V detaillierte Vorgaben zur Vergütung und sieht i. d. R. eine pauschale Vergütung vor.

Diese Pauschalen beinhalten die Problematik der Infektion der freiberuflichen Einkünfte durch gewerbliche Einkünfte. Dadurch, dass die Leistungen im Rahmen der integrierten Versorgung pauschal abgerechnet werden, besteht die Möglichkeit, dass freiberufliche durch gewerbliche Leistungen infiziert werden. Somit werden – eine Überschreitung der Geringfügigkeitsgrenze unterstellt – gewerbliche und freiberufliche Einnahmen zusammengerechnet und unterliegen – da „auch" gewerbliche Einkünfte erzielt werden – vollständig der Gewerbesteuer.

So kann z. B. in den Fallpauschalen die Abgeltung für umfangreiche Medikamente oder Hilfsmittel enthalten sein.

Die Infektion kann dadurch umgangen werden, dass Fallpauschalen mit ausschließlich freiberuflichen Leistungen vereinbart werden. Darüber hinaus müssten Fallpauschalen für ausschließlich gewerbliche Leistungen vereinbart werden.

---

[2] Vgl. BMF vom 1.6.2006, DStR 2006, S. 1890 f.

Soweit das nicht möglich ist, ist es zu empfehlen, die Pauschalen so zu vereinbaren, dass gewerbliche Leistungen nur insoweit zusammen vereinbart werden, wie die 1,25 %-Grenze mit Sicherheit nicht überschritten wird.

Somit unterliegt nicht das gesamte Leistungspaket der Gewerbesteuer, sondern nur das ausgegliederte Paket mit den notwendigen gewerblichen Leistungen. Ideal für steuerliche Zwecke ist die Anmeldung eines eigenständigen Gewerbebetriebes mit eigener Buchhaltung.

Auf diese Art und Weise der Gestaltung lassen sich die Steuerbelastung und das steuerliche Risiko senken. Darüber hinaus wird den Verantwortlichen im Rahmen der Verhandlungen bewusst, dass ein Risiko existiert und inwieweit es beherrschbar ist oder nicht.

5.4 Integrierte Versorgung – Umsatzsteuerrecht

Je nach Modell erbringen die Managementgesellschaften – wie oben bereits dargestellt – unterschiedliche Leistungen.

5.4.1 Managementgesellschaften als Versorger

Sind die Managementgesellschaften als Träger nicht selbst Versorger, sondern erfolgt die Versorgung durch berechtigte Leistungserbringer, indem diese zur Leistungserbringung verpflichtet werden, und erfolgt die Abrechnung der Leistungserbringer unmittelbar mit der Managementgesellschaft, so ist die Leistung der Managementgesellschaft als steuerfrei zu qualifizieren (§ 4 Nr. 14 a UStG). Sie ist ein unselbstständiger Teil der Heilbehandlung. In diesem Fall übernehmen die Managementgesellschaften die Versorgung der Patienten und bedienen sich zur Erfüllung ihrer Pflichten der Leistung Dritter (Leistungserbringer).

§ 4 Nr. 14 c UStG lautet:

(...)

... (Von den unter § 1 Abs. 1 Nr. 1 fallenden Umsätzen sind steuerfrei:)

Leistungen nach den Buchstaben a und b, die von Einrichtungen nach § 140b Abs. 1 des Fünften Buches Sozialgesetzbuch erbracht werden, mit denen Verträge zur integrierten Versorgung nach § 140a des Fünften Buches Sozialgesetzbuch bestehen; ...

5.4.2 Managementgesellschaft als Koordinator

Anders als im Fall der Managementgesellschaft als Versorger, ist der Fall zu beurteilen, wenn die Managementgesellschaften nur die Koordinierung und die Managementaufgaben übernehmen. Hier kann man nicht mehr von einem unselbständigen Teil der Heilbehandlungsleistungen ausgehen. Es liegen steuerpflichtige Umsätze vor (Dienstleistungen in Form von Organisationsmanagement), die mangels Befreiungsvorschrift steuerpflichtig sind.

Rettungsdienste und Krankentransporte 6

6.1 Gesetzliche Grundlage

In den Rettungsdienstgesetzen der Länder ist der Rettungsdienst und der Krankentransport geregelt. Die Rettungsdienstgesetze sind in der Regel vergleichbar strukturiert. Dies wird hier vereinfacht am Beispiel des Rettungsgesetzes des Landes Nordrhein-Westfalen (NRW) dargestellt. Das Rettungsdienstgesetz unterscheidet i. d. R. zwischen Krankentransport und Notfallrettung.

Das Gesetz definiert die Notfallrettung in § 2 (1) RettG NRW wie folgt:

... Die Notfallrettung hat die Aufgabe, bei Notfallpatientinnen und Notfallpatienten lebensrettende Maßnahmen am Notfallort durchzuführen, deren Transportfähigkeit herzustellen und sie unter Aufrechterhaltung der Transportfähigkeit und Vermeidung weiterer Schäden mit Notarzt- oder Rettungswagen oder Luftfahrzeugen in ein für die weitere Versorgung geeignetes Krankenhaus zu befördern. Hierzu zählt auch die Beförderung von erstversorgten Notfallpatientinnen und Notfallpatienten zu Diagnose- und geeigneten Behandlungseinrichtungen. Notfallpatientinnen und Notfallpatienten sind Personen, die sich infolge Verletzung, Krankheit oder sonstiger Umstände entweder in Lebensgefahr befinden oder bei denen schwere gesundheitliche Schäden zu befürchten sind, wenn sie nicht unverzüglich medizinische Hilfe erhalten ...

Das Gesetz definiert den Krankentransport in § 2 (2) RettG NRW wie folgt:

Der Krankentransport hat die Aufgabe, Kranken oder Verletzten oder sonstigen hilfsbedürftigen Personen, die nicht unter Absatz 1 fallen, fachgerechte Hilfe zu leisten und sie unter Betreuung durch qualifiziertes Personal mit Krankenkraftwagen oder mit Luftfahrzeugen zu befördern.

Träger (§ 6 RettG NRW) sind in der Regel die Städte oder Hilfsorganisationen, wie das Deutsche Rote Kreuz. Grundsätzlich ist eine Übertragung auf private Dienstleister möglich. Die ärztliche Betreuung ist durch Notärzte der Krankenhäuser sicherzustellen (§ 4 RettG NRW).

6.2 Krankentransporte – Ertragsteuerrecht

6.2.1 Rettungsdienste öffentlich-rechtlicher Träger

Krankentransporte werden durch öffentlich-rechtliche Träger und durch private Dienstleister angeboten. In der Praxis ist zu beobachten, dass Krankentransporte in verstärktem Maße durch private Dienstleister organisiert und vermarktet werden.
Soweit öffentlich-rechtliche Träger mit den privaten Dienstleistern in einen Wettbewerb treten, um vorrangig Einnahmen zu erzielen, handelt es sich um einen Betrieb der gewerblichen Art (§ 1 (1) Nr. 6 KStG). Soweit die öffentlich-rechtlichen Träger ihrer gesetzlichen Verpflichtung nachgehen, indem sie Kapazitäten bereithalten, um im Falle des Marktversagens (z. B. weil ein privates Angebot nicht zustande kommt) die Transporte garantieren zu können, handelt es sich um einen steuerbefreiten (§ 4 (5) KStG) Hoheitsbetrieb.

6.2.2 Rettungsdienst durch private gemeinnützige Träger

Rettungsdienstleistungen werden in der Regel durch private gemeinnützige Träger organisiert. Körperschaften, Personenvereinigungen oder Vermögensmassen, die nach der Satzung und nach der tatsächlichen Geschäftsführung ausschließlich unmittelbar gemeinnützigen, mildtätigen oder kirchlichen Zwecken dienen, sind von der Körperschaftsteuer befreit (§ 5 (1) Nr. 9 KStG).
Dieses gilt nicht, sofern ein wirtschaftlicher Geschäftsbetrieb geführt wird (§ 5 (1) Nr. 9 KStG).
Die Problematik hinsichtlich der Beurteilung der Steuerfreiheit liegt darin, zu beurteilen, inwieweit ein wirtschaftlicher Geschäftsbetrieb vorliegt.
Der BFH hat in der „Rettungsdienstentscheidung"[1] entschieden, dass es sich hierbei i. d. R. nicht um einen Zweckbetrieb, sondern um einen wirtschaftlichen Geschäftsbetrieb handelt.
Der BFH argumentiert, dass ein Rettungsdienst auch mit Gewinn ausgeübt werden kann und daher kein Zweckbetrieb vorliegt.
Insbesondere wurde ausgeführt, § 66 AO umfasse nicht das Handeln einer gemeinnützigen Körperschaft, das mit der Absicht Gewinn zu erzielen betrieben

---

[1] Vgl. BFH vom 18.9.2007, I R 30/06, BStBl. II 2009, S. 126.

werden könnte. Der BFH machte hinsichtlich der Auslegung des Begriffes Zweckbetrieb keinen Unterschied zwischen der Grundnorm § 65 AO und § 66 AO. Nach Auffassung des BFH ist es das vorrangige Ziel, die private Wirtschaft zu schützen. Im Ergebnis unterliegt in diesem Fall der Gewinn von privaten gemeinnützigen Trägern der Gewerbesteuer und der Körperschaftsteuer.

Aufgrund der allgemeinen Bedeutung wird die Entscheidung („Rettungsdienstentscheidung") hier in Auszügen abgedruckt:

... Bei der Prüfung, ob ein Zweckbetrieb i.S. des § 66 AO vorliegt, ist allein auf die Tätigkeit im wirtschaftlichen Geschäftsbetrieb abzustellen. Zum Wohle der Allgemeinheit geschieht die Sorge für notleidende oder gefährdete Mitmenschen daher nicht bereits deshalb, weil die Körperschaften, die die Leistungen erbringen, nach ihrer Satzung und tatsächlichen Geschäftsführung steuerbegünstigte Zwecke i.S. des § 53 AO verfolgen. Ebenso wenig reicht hierfür aus, dass die steuerbefreiten Körperschaften einen im Bereich des Rettungsdienstes und Krankentransports erzielten Überschuss für steuerbegünstigte Zwecke einsetzen müssen (a.A. wohl Bartmuß, DB 2007, 706 für medizinische Versorgungszentren). Da steuerbegünstigte Körperschaften verpflichtet sind, sämtliche Mittel – also auch einen in einem wirtschaftlichen Geschäftsbetrieb erwirtschafteten Gewinn – nur für satzungsmäßige Zwecke zu verwenden (§ 55 Abs. 1 Nr. 1 AO), wäre andernfalls jeder wirtschaftliche Geschäftsbetrieb (§ 14 AO) einer nach § 5 Abs. 1 Nr. 9 KStG, § 3 Nr. 6 Satz 1 GewStG steuerbefreiten Körperschaft als Zweckbetrieb einzuordnen. Von einem Zweckbetrieb ist auch nicht deshalb auszugehen, weil es sich bei dem Rettungsdienst um eine öffentliche und damit um eine dem Wohl der Allgemeinheit dienende Aufgabe handelt, in deren Erfüllung Wohlfahrtsverbände und gewerbliche Anbieter eingeschaltet werden. Denn die Tätigkeit als Hilfsperson begründet mangels Unmittelbarkeit der Zweckverfolgung grundsätzlich keine eigene steuerbegünstigte Tätigkeit der Hilfsperson (Senatsurteil vom 7. März 2007 I R 90/04, BStBl 2007 II S. 628; a.A. Holland, DB 2005, 1487). ...

Maßgeblich für die Frage, ob die Sorge für notleidende oder gefährdete Mitmenschen um des Erwerbes wegen ausgeübt wird, ist vielmehr allein, ob die Bedingungen, unter denen sie ausgeübt wird, objektiv geeignet sind, Gewinne zu erzielen. Davon ist regelmäßig auszugehen, wenn – wie hier nach dem Vortrag der Klägerin der Fall – die gleichen Leistungen zu denselben Bedingungen von nicht steuerbefreiten Anbietern erbracht werden und deren Tätigkeit als Gewerbebetrieb einzuordnen ist. (...)

6.2.3 Rettungsdienst: Ertragssteuern bei nichtgemeinnützigen privaten Trägern

Rettungsdienste und Krankentransporte durch private nicht gemeinnützige Träger unterliegen der Besteuerung. Es gelten die allgemeinen Grundsätze der ertragsteuerlichen Besteuerung.

Einzelunternehmen und Personengesellschaften erzielen gewerbliche Einkünfte (§ 15 (1) Nr. 1 u. 2 EStG). Als gewerbliche Unternehmen unterliegen sie auch der Gewerbesteuer. Wird der Dienst im Rahmen einer Personengesellschaft durchgeführt, wird der Gewinn auf Ebene der Personengesellschaft einheitlich und gesondert festgestellt (§ 179 AO). Soweit der Dienst im Rahmen einer GmbH oder AG betrieben wird, handelt es sich um einen Gewerbebetrieb kraft Rechtsform (§ 13 (3) GmbHG) und unterliegt der Körperschaftsteuer (§ 1 (1) Nr. 1 KStG) und der Gewerbesteuer (§ 2 (1) GewStG).

6.3 Rettungsdienst und Krankentransport – Umsatzsteuer

Die Leistungen eines Notarztes (ohne die Beförderung) stellen Leistungen eines Unternehmers im Leistungsaustausch dar, die in Deutschland steuerbar sind (§ 1 (1) UStG).

Es liegt eine Steuerbefreiung gemäß § 4 Nr.14 a UStG vor, da es sich um eine Heilbehandlung oder ähnliche Tätigkeit handelt. Hinsichtlich des Begriffs der Heilbehandlung kann auf das oben Gesagte[2] verwiesen werden.

Auch bei der Beförderungsleistung handelt es sich um eine Leistung eines Unternehmens im Rahmen seines Unternehmens im Leistungsaustausch mit Ort der Leistung in Deutschland und ist somit steuerbar (§ 1 (1) UStG). Es liegt eine Steuerbefreiung gemäß § 4 Nr. 17 b UStG vor. Hiernach ist nicht zu unterscheiden, ob es sich um einen Krankentransport oder eine Rettung handelt.

Entscheidend ist, dass es sich bei den Fahrzeugen um besonders eingerichtete Fahrzeuge handelt. Durch die Nutzung solcher Fahrzeuge entsteht der Anspruch der steuerlichen Privilegierung.

Die Vorschrift lautet:

Von den unter § 1 Abs. 1 Nr. 1 fallenden Umsätzen sind steuerfrei: ...

Nr. 17

a) ...

b) die Beförderungen von kranken und verletzten Personen mit Fahrzeugen, die hierfür besonders eingerichtet sind; ....

Gemeinnützige Träger können sich noch auf § 4 Nr. 18 UStG berufen, allerdings wurde bereits oben auf die engen Voraussetzungen dieser Vorschrift hingewiesen.

Darüber hinaus besteht aufgrund der Befreiungsvorschriften keine Notwendigkeit § 4 Nr. 18 UStG anzuwenden.

---

[2] Vgl. 1.3.

6.4 Rettungsdienst – Kraftfahrzeugsteuer

Gemäß § 3 Nr. 5 des Kraftfahrzeugsteuergesetzes sind Fahrzeuge, die ausschließlich im Rettungsdienst oder im Bereich der Krankenbeförderung eingesetzt werden, von der Steuer befreit.
Voraussetzung ist, dass der Zweck äußerlich am Fahrzeug erkennbar sein muss.
Im Bereich der privaten Trägerschaft ist zusätzliche Voraussetzung, dass die Bauart und die Einrichtung für diese Zwecke angepasst sein müssen. Das wird in der Regel vorliegen. Man kann von einer generellen Befreiung von Rettungs- und Krankentransportfahrzeugen von der Kraftfahrzeugsteuer ausgehen.

Literaturverzeichnis

Blümich, Brandis (Hrsg.). 2012. *Kommentar zum EStG, KStG, GewStG*, 113. Ergänzungslieferung. München.
Bode, Walter. 2012. Kommentierung zu § 15. In *Kommentar zum EStG, KStG, GewStG*, Hrsg. Blümich/Brandis.
Brandis, Peter. 2011. Kommentierung zu § 179–184. In *Abgabenordnung, Finanzgerichtsordnung, Kommentar zur AO und FGO*, Hrsg. Tipke/Kruse.
Dietz, Gottfried, Dietrich Weilbach, und Wolfgang Baumann (Hrsg.). 2012. *Kommentar, Grunderwerbsteuergesetz*, 32. Ergänzungslieferung. Freiburg.
Dietz, Gottfried, Dietrich Weilbach, und Wolfgang Baumann (Hrsg.). 2012. *Kommentierung zu § 3*. Freiburg.
Dietz, Gottfried, Dietrich Weilbach, und Wolfgang Baumann (Hrsg.). 2012. *Kommentierung zu § 4*. Freiburg.
Dötsch, Ewald, Werner Jost u. a. (Hrsg.). 2012. *Kommentar zum Körperschaftssteuergesetz*, 73. Ergänzungslieferung. Stuttgart.
Frotscher, Gerrit (Hrsg.). 2012. *EStG Kommentar zum Einkommensteuergesetz*, 168. Ergänzungslieferung. München.
Frotscher, Gerit. 2012. Kommentierung zu § 18. In *EStG Kommentar zum Einkommensteuergesetz*. München.
Frotscher, Gerit. 2012. Kommentierung zu § 19. In *EStG Kommentar zum Einkommensteuergesetz*. München.
Hartmann, Alfred u. a. (Hrsg.). 2012. *Kommentar zum Umsatzsteuergesetz*, Ergänzungslieferung Nr. 2/12. Berlin.
Horschitz, Harald, Walter Gross, und Peter Schnur (Hrsg.). 2012. *Erbschaftssteuer, Grundsteuer, Kommentar*, 17. Auflage. Stuttgart.
Hünnekens. 2012. Kommentierung zu § 18. In *Kommentar zum Umsatzsteuergesetz*, Hrsg. Hartmann, Alfred u. a. Berlin.
Jost, Werner. 2012. Kommentierung zu § 5 (1), Nr. 5–8. In *Kommentar zum Körperschaftssteuergesetz*, Hrsg. Dötsch, Ewald, 73. Ergänzungslieferung. Stuttgart.
Jost, Werner. 2012. Kommentierung zu § 5 (1), Nr. 9. In *Kommentar zum Körperschaftssteuergesetz*, Hrsg. Dötsch, Ewald, 73. Ergänzungslieferung. Stuttgart.
Oelmaier, Alexander. 2012. Kommentierung zu § 4 Nr. 14. In *Kommentar zum Umsatzsteuergesetz*, Hrsg. Sölch/Ringleb.

Radeisen, Rolf-Rüdiger, und Roger Schwarz (Hrsg.). 2012. Kommentierung zu § 2. In *Umsatzsteuer, Kommentar*, Vogel, Alfred. Freiburg.

Sarrazin, Viktor (Hrsg.). 2012. *Kommentar Gewerbesteuergesetz*, 102. Ergänzungslieferung. Köln.

Sarrazin, Viktor. 2012. Sarrazin, Kommentierung zu § 2. In *Kommentar Gewerbesteuergesetz*, Hrsg. Sarrazin, Viktor. Köln.

Sölch/Ringleb (Hrsg.). 2012. *Kommentar zum Umsatzsteuergesetz*, 66. Ergänzungslieferung. München.

Tipke, Klaus. 2011. Kommentierung zu § 55. In *Abgabenordnung, Finanzgerichtsordnung, Kommentar zur AO und FGO*, Hrsg. Tipke/Kruse.

Tipke, Klaus. 2011. Kommentierung zu § 64. In *Abgabenordnung, Finanzgerichtsordnung, Kommentar zur AO und FGO*, Hrsg. Tipke/Kruse.

Tipke, Klaus. 2011. Kommentierung zu § 65. In *Abgabenordnung, Finanzgerichtsordnung, Kommentar zur AO und FGO*, Hrsg. Tipke/Kruse.

Tipke, Klaus. 2011. Kommentierung zu § 66. In *Abgabenordnung, Finanzgerichtsordnung, Kommentar zur AO und FGO*, Hrsg. Tipke/Kruse.

Tipke, Klaus. 2011. Kommentierung zu § 67. In *Abgabenordnung, Finanzgerichtsordnung, Kommentar zur AO und FGO*, Hrsg. Tipke/Kruse.

Tipke, Klaus. 2011. Kommentierung zu § 68. In *Abgabenordnung, Finanzgerichtsordnung, Kommentar zur AO und FGO*, Hrsg. Tipke/Kruse.

Tipke/Kruse (Hrsg.). 2011. *Abgabenordnung, Finanzgerichtsordnung, Kommentar zur AO und FGO*. Köln.

Verlag C.H. Beck oHG. 2011. *Wichtige Steuerrichtlinien*. München.

Vogel, Alfred, und Roger Schwarz (Hrsg.). 2012. *Umsatzsteuer, Kommentar*, 160. Ergänzungslieferung. Freiburg.

Windmann Siegfried, und Dieter Mayer (Hrsg.). 2012. *Umwandlungsrecht, Kommentar*, 127. Ergänzungslieferung. Bonn.

Urteile und Schreiben

Urteile

EUGH
EuGH vom 14.9.2000, Rs. C-384/98, Slg 2000, I-6795; UR 2000
EuGH vom 11.1.2001, C-76/99, UR 2001, 62
EuGH vom 6.11.2003, Rs. C-45/01, Sgl. 2003, I-12911 ff.: UR 2003, S. 584 ff.
EuGH vom 18.11.2010, C-156/09, DStRE 2011, S. 311.

BFH
BFH vom 4.3.1976, IV R 189/71, BStBl. 1976, 472 ff.
BFH vom 1.12.1977, V R 37/75, BStBl. II, 1978, 173
BFH vom 1.7.2003, VIII R 2/03, in BFH/NV 2003, S. 1564
BFH vom 28.8.2003, IV R 69/00, BStBl. II 2004, S. 954, FR 2004, 244 ff.
BFH vom 18.3.2004, V R 53/00, BStBl. II 2004, 677, UR 2004, S. 421
BFH vom 12.10.2004, V R 54/03, BStBl II 2005, 106, S. 145 f.
BFH vom 11.11.2004, V R 34/02, BStBl. II 2005, 316, BB 2005, S. 589
BFH vom 7.7.2005, V R 23/04, BStBl II 2005, S. 904
BFH vom 29.3.2006, II R 15/04, BStBl. II 2006, 557 = DB 2006, 1193
BFH vom 18.9.2007, I R 30/06, BStBl. II 2009, S. 126.
BFH vom 20.10.2009, V R 30/09

BVerfG
BVerfG vom 29.10.1999, 2 BvR 1264/90, BStBl. II 2000, 155 ff.

FG
FG Rheinland-Pfalz vom 14.12.2004, 2 K 2588/04
FG Köln vom 26.1.2006, 10 K 5354/02, EfG 2006, S. 774

Schreiben

BMF
BMF-Schreiben vom 28.2.2000, BStBl. I 2000, 433
BMF-Schreiben vom 22.10.2004, BStBl., 2004, S. 1030 f.
BMF-Schreiben vom 1.6.2006, DStR 2006, S. 1890 f.
BMF-Schreiben vom 26.6.2009, BStBl. I 2009, S. 756
BMF-Schreiben vom 19.6.2012, UStG: Steuerbefreiung nach § 4 Nr. 14 Buchst. a UStG

OFD
OFD Münster vom 11.2.2009, S. 2172—152-St 12–33, DStR 2009, S. 798.

Abkürzungen

AktG	Aktiengesetz
AO	Abgabenordnung
BFH	Bundesfinanzhof
BFHE	Entscheidungen des BFH
BMF	Bundesministerium der Finanzen
BSG	Bundessozialgericht
BSGE	Entscheidung des BSG
BStBl	Bundessteuerblätter
BVerwG	Bundesverwaltungsgesetz
BVerwGE	Entscheidung des BVerwG
BVerfG	Bundesverfassungsgericht
BvR	Bundesverfassungsrichter
DStR	Deutsches Steuerrecht (Publikation Beck-Verlag)
DStRE	Deutsches Steuerrecht Entscheidungsdienst (Publikation Beck-Verlag)
EfG	Entscheidungen der Finanzgerichte
ESt	Einkommensteuer
EStG	Einkommensteuergesetz
EStR	Einkommensteuerrichtlinien
EuGH	Europäischer Gerichtshof
FG	Finanzgericht
GbR	Gesellschaft bürgerlichen Rechts
GmbH	Gesellschaft mit beschränkter Haftung
GmbHG	GmbH Gesetz
GmbH & Co. KG	Kommanditgesellschaft mit einer GmbH als Komplementär
GewStDV	Gewerbesteuerdurchführungsverordnung
GewStG	Gewerbesteuergesetz

GewSt	Gewerbesteuer
GG	Grundgesetz
GrEStG	Grunderwerbsteuergesetz
GrStG	Grundsteuergesetz
FGO	Finanzgerichtsordnung
HGB	Handelsgesetzbuch
iGeL	Individuelle Gesundheitsleistungen
KG	Kommanditgesellschaft
KHBV	Verordnung über die Rechnungs- u. Buchführungspflichten von Krankenhäusern
KSt	Körperschaftsteuer
KStG	Körperschaftsteuergesetz
MWSt	Mehrwertsteuer
MVZ	Medizinisches Versorgungszentrum
OFD	Oberfinanzdirektion
OHG, oHG	Offene Handelsgesellschaft
PartGG	Gesetz über Partnerschaftsgesellschaften
Rdnr., RandNr., Rd. Nr.	Randnummer
Rs.	Rechtssache
RettG NRW	Gesetz über den Rettungsdienst sowie die Notfallrettung und den Krankentransport durch Unternehmen
SGB V	Fünftes Sozialgesetzbuch
UR	Umsatzsteuerrundschau
UStAE	Umsatzsteuer-Anwendungserlass
UStG	Umsatzsteuergesetz
UwStG	Umwandlungssteuergesetz